陶希聖◎編

山西出版傳媒集團
山西人民出版社

圖書在版編目(CIP)數據

西漢經濟史 / 陶希聖編. —太原: 山西人民出版社, 2014.12(2024.2重印)
(近代名家散佚學術著作叢刊 / 許嘉璐主編)
ISBN 978-7-203-08799-1

Ⅰ. ①西… Ⅱ. ①陶… Ⅲ. ①中國經濟史—研究—西漢時代 Ⅳ. ①F129.341

中國版本圖書館CIP數據核字(2014)第234716號

西漢經濟史

主　　編　許嘉璐
編　　者　陶希聖
責任編輯　馮靈芝

出 版 者　山西出版傳媒集團·山西人民出版社
地　　址　太原市建設南路21號
郵　　編　030012
發行營銷　0351-4922220　4955996　4956039　4922127(傳真)
天貓官網　https://sxrmcbs.tmall.com　電話　0351-4922159
E-mail　sxskcb@163.com　發行部
　　　　sxskcb@126.com　總編室
網　　址　www.sxskcb.com

經 銷 者　山西出版傳媒集團·山西人民出版社
承 印 廠　山西出版傳媒集團·山西新華印業有限公司

開　　本　700mm×970mm　1/16
印　　張　6.5
字　　數　53千字
版　　次　2014年12月　第1版
印　　次　2024年2月　第二次印刷
書　　號　ISBN 978-7-203-08799-1
定　　價　33.00圓

《近代名家散佚學術著作叢刊》編委會

出版説明

近代名家散佚學術著作叢刊選取一九四九年以後未再刊行之近代名家學術著作共一百二十册，編例如次：

一、本叢書遴選之著作在相關學術領域具有一定的代表性，在學術研究方向、方法上獨具特色。

二、爲避免重新排印時出錯，本叢書原本原貌影印出版。影印之底本皆經專家組審定，原書字體大小，排版格式均未做大的改變，原書之序言、附注皆予保留。

三、本叢書分爲八大類，以作者生卒年編次。

四、爲使叢書體例一致，本叢書前言後記均采用繁體字排版。

五、個别頁碼較少的版本，爲方便裝幀和閲讀，進行了合訂。

六、少數學術著作原書内容有個别破損之處，編者以不改變版本内容爲前提，部分進行修補，難以修復之處保留缺損原狀。

七、原版書中個别錯訛之處，皆照原樣影印，未做修改。

八、所選版本之抽印本頁碼標注，起始至所終頁碼均照原樣影印，未重新編排標注新頁碼。

由於叢書規模較大，不足之處，殷切期待方家指正。

總序/

披沙瀝金，以爲鏡鑒

◇許嘉璐

多年來有一個問題始終在我腦中盤桓：爲什麽在十九世紀末到二十世紀初，在短短的幾十年裏，中國的各個學術領域竟涌現了那麽多大師級的人物？這是中國近代史上一個極爲重要的現象，我認爲，如果不能給出令人滿意的答案，我們撰寫的近代學術史將是不完整的，甚至是缺乏靈魂的。後來我知道，著名人類學家克羅伯曾提出過一個問題：爲什麽天才成群地來？看來這種現象的出現並非中國所獨有，思考其所以然的也大有人在。而在那一次世紀之交中國的情况，似乎應驗了「天才成群地來」這個令克氏久久不解的疑問。錢學森先生曾從相反的方向提出了相同的疑問：爲什麽我們這個時代出現不了杰出人才？後來人們稱這個問題爲「錢學森之謎」。

要回答這些疑問不是件容易的事。與其迅速地囫圇地探尋，不如先多了解那些讓中國近代學術（應該包括人文科學和自然科學）史上閃耀着光輝的大師們的作品和自述，從而在腦海里盡量「復原」他們所處的環境和在那種環境下的心理路徑，從中或許可以得到一些啓示。

有一點是顯然的，這就是他們雖然都已遠離塵世而去，但是他們獨立思考的品性、求知治學的真誠、困厄窮愁中對節操的堅守，恐怕是他們共同的主觀因素，一直影響到現在，而且將會永遠留存下去。

就思想界、學術界而言，二十世紀上半葉是一個新説和舊説碰撞，中學和西學融匯的大時代。那時的學人極爲重視言行操守，同時具備現代知識分子的理想信念；他們的學術研究十分純净，絶少功利因素；他們的視界開闊，以包容的心態和嚴謹的風格造就了成果的大氣與厚重。至於在客觀因素一面，他們實際是在用工業化時代的事實解説着太史公所説的名山之作「大抵聖賢發憤之所爲作」，困厄苦難使得他們「皆意有所鬱結」。這種鬱結，幾乎和個人的名利毫無牽涉，他們永遠不能釋懷的，是民族的存亡、國運的興衰、民衆的福禍和文脈的續斷。

那個時代也是近代歷史上最大規模的中西古今學術調適、創新的時期，學術方法上的交互滲透和融合、創新亦可謂「於斯爲盛」。斯時之學人是要在封閉的屋墻上鑿出窗子的勇士，是使人能够看看外部世界的第一批導夫先路者；或者可以説，他們是在「意有所鬱結」時「彷徨」和「吶喊」的「狂人」。

相對於那時的哲人們，後來者是幸運兒。現在的形勢是，近三十年來學界空前繁榮，衆多學科有了長足之進，其中很重要的一點是學界有了更新穎、更廣闊的國際視野，似乎接續上了百年前的學壇盛事。但細想想，「古」與「今」還是有差別的。其异，主要不在於世界情勢、學術進展、工具改善這些客觀存在，而在於在廣泛吸收各國優長的同時，自身文化的主體性越來越受到重視，换言之，「拿來主義」已經延長了「拿來」的程序，加上了試用、甄別、篩選、吸收、融合、成長。就我孤陋所見，在當今地球上，面向所有異質文明，努力汲取我之所缺，其範圍之大和心態之切，似乎無出中國之右者。從這個角度説，我們已經超越了前輩。但是事情還有另外一面，學術，特別是人文學科，其職業化、「沙龍化」和功利性，以及隨之而來的浮躁病却嚴重了。從這個角度説，是不是我們已經後退得够可以的了？而這是不是我們這個時代出不了大師的原因之一呢？

民國學術界的特點之一是極爲注重對傳統的反省、批判與繼承。他們對傳統文化盡最大的努力進行整理和研究。一方面，由於戰亂頻仍，民不聊生，學者們擔起了讓中華文化薪火相傳的歷史責任；另一方面，他們要通過對中國傳統文化的整理、挖掘來重振民族自信心。這一時期對傳統文化進行整理的全面而深入是前所未有的，舉凡文字學、語言學、經濟學、法學、哲學、政治制度、書法繪畫、金石學……規模之宏大，研究之精微，令人嘆爲觀止。

民國學術推動了現代學科體系的建立。在對傳統文化整理和研究的基礎上，吸收西方的文化思想和理念，推動和建立了中國現代學科體系。例如，在對語言文字和音韵學成果進行整理、研究的基礎上開始着手規範之，建立了國語學；深入研究書法、國畫，將其融入了現代美術學科；在廢除舊有學制後逐步建立起小、中、大學較完整的科目和學科體系。

民國學術也改變了傳統學術方式，建立了新的研究範式。以現代科學考古爲發端，科研的實踐和成果使中國知識界真正認識到在實驗、比較基礎上的邏輯分析對學術研究的重要，推進了中國學術的一大演變。至於我們常説的打破士大夫傳統、走出書齋到田野鄉村和市民中進行調查研究、結束了經學時代、以歷史眼光檢視儒學和諸子等等，都是確立新學術範式的努力。這一轉變，也標誌着中國學術界脱胎换骨，全面進入了現代，爲此後的學術發展奠定了堅實的基礎。當然，西方啓蒙運動以來，在「現代性」和「現代化」裏潛伏着的缺陷和謬誤也傳到了中國，這些不能不在前哲的著作裏留下痕迹。這並不奇怪。類似的情况，古往今來孰能免之？猶如今天的我們，誰敢自稱我之所見就是永恒的真理？在這個問題上兩個時代所異者，或許就在昔時大家創立新説或譯註西學著作，往往是懷着對學術和前哲的敬畏而爲之，故而常常誤不在我；當今則往往出於對學問和他人的輕蔑，或以所研究的對象爲謀己的工具，因而難辭主觀之咎吧。翻閲他們的心血之作，這些復雜的狀況可以顯見，可以視之爲我們的一面鏡子。

滄海桑田，世事變幻，歷史的動盪和時代的遮蔽，使當年許多大師的一些極有價值的學術著作被棄於故紙堆中，不能不令人有遺珠之憾。爲此，山西人民出版社不惜以數年之艱辛，披沙瀝金，編輯出版這套近代名家散佚學術著作叢刊，凡一百二十册，計文學、史學、政治與法律、美學與文藝理論、民族風俗、宗教與哲學、經濟、語言文獻共八大類別。所選皆爲作者之純學術著作，無論是其見解、精神，抑或是其時代烙印，都是後輩學人可資借鑒的寶貴財富。他們出版這套叢書，意在讓世人不忘來程，知筆路藍縷之不易，爲民族文化的傳承再增薪木。

出版社的初衷，與我近年來所思所慮近似，故願略述淺見於書端，以與策劃者、編輯者和讀者共勉。

二〇一四年七月六日

改定於自安東回京途中

前言／精神、历史与事实

◇樊綱

中國古代不乏有趣和重要的經濟思想，但是就形成知識體係的理論或「學説」而言，中國現代經濟學的發展是從嚴復一九〇一年引進翻譯出版英國人亞當·斯密的國富論（一七七六）（當時譯爲原富）開始的。就是説，是從學習西方開始的。也屬於一個落後國家學習與追趕發達國家過程的一個組成部分。

從原富出版（以至更早時期天演論的翻譯和出版），到辛亥革命前後至五四運動時期，中國應該説是發生了第一次思想解放的進程，也就是中國的啓蒙運動，學習研究西方發達國家的科學技術、政治社會理論和人文思想，進入了一個新的時期。在大約半個世紀的時間裏，「大師」成批地出現，進入了一個學術研究的繁榮時期。除了大量翻譯西方的著作，中國人自己的經濟學研究力量也逐步形成，並逐步運用現代的理論和方法，來研究中國的社會、中國的經濟，用現代方法進行的實地調查研究，也多有發生。雖然有連續不斷的内戰和抗日戰爭，學術研究却仍在繼續，陸續出版了許多專著和論文。我們這些在「文化大革命」後才進入學術領域的後人經常會好奇：那麽一個戰亂的時代，那些前輩怎麽還在做研究？怎麽還能做研究？每當看到一本那個時代出版的泛黄的「故紙」，一定是仰慕之情油然而生。

也許正是因爲戰亂，因爲當時的落後與貧窮，許多著作出版了，又散落了。有的没有得到應有的傳播，有的研究被打斷，無法産生大的影響。現在山西人民出版社將一些不大爲人所知和没有再印的散佚經濟學著作收集出版，既是拯救，也是發揚。用現在的眼光看，有的著作也許「淺顯」，但這些著作的價值和從中我們可以學到的，其實首先在於以下的一些東西：第一是精神，那種不求世俗功利，出自好奇心在亂世中探索真理的風骨；第二是歷史，我們中國人的思想史，我們現在學的這些東西是如何從外面舶來而在中國的土壤上生根和發展的；第三是事實，是那一輩學者在艱苦的環境下記録下來的當時和以往的事件與史料，這些已經不可復得，但却是我們在研究近現代中國經濟發展的整個進程時不可或缺的。

一代人有一代人的使命，也有一代人的局限。翻閲古籍，令我們思考我們能爲這個國家、這個民族、這個世界留下哪些遺産，我們的後輩將如何評價我們？

二〇一四年八月二十一日寫於深圳

作者簡介

陶希聖（一八九九年—一九八八年），名匯曾，字希聖，筆名方峻峰，湖北黄岡人。一九二四年爲上海商務印書館編輯，同時在上海大學、上海法政大學、東吴大學等校講授法學和政治學。一九二九年後，在上海復旦大學、勞動大學、暨南大學、中國公學、上海法學院、立達學園及中央大學任教。

目次

西漢經濟史

第一章　西漢以前的經濟

一　中國經濟發達的不平均

自然是人類的養育環境。人類必須從自然取得生活資料，纔可以生活。所以人類社會發達的根基，就是人類爲求生存而與自然之間的鬬爭。這種鬬爭當然與圍繞人類的自然有密切的關係。因此，要瞭解一國的歷史及其發達方法，首必明瞭這一國的自然條件。

地球上開化最早的民族，大抵住在氣候比較溫和的區域。中國恰是溫帶中間的地方，所以在中國，尤其是溫帶最中間的中部中國，有開化最早的民族。中部中國是一個大平原，包含現在的河北，山東，河南，安徽，江蘇，浙江六省的地域。其北部是白河流域；中部貫以黃河；中南爲淮河所浸潤；南部是江浙的範圍。這一平原，拔海在六百尺以下。江浙平原，雖近熱帶，卻有海洋的調劑，夏季炎熱並不嚴酷。黃河流域的氣候溫和，但由黃海與東海輸來的水分，受北方朔風的逆擊，冬春及初夏雨量缺少。

長江流域有江漢平原，拔海高度與中原相近。這平原雖有長江漢水的浸潤，而氣候較中原爲熱，雨量很多。古代的人說這個區域「低熱」。

拔海高度比中原較高的是陝西。這一地帶與山西同爲黃河所浸潤，氣候乾爽，雨量較少。其西與北則爲甘肅蒙古高原。鄰於沙漠，其南部卻有黃河浸潤，蔚爲一大水草區域。

長江流域以南是拔海較高的山林地帶，雨量多，但氣候因地高而尙較長江平原爲涼爽。福建與廣東沿海，卻又有一帶平原，面海背山，有特異於江浙及中原之點。

說到山脈，中國的山脈，大抵是橫亘東西。最北有阿爾泰山脈，在沙漠以北。最南是岡底斯山脈與喜馬拉亞山脈，當西藏南邊。延亘於中國內地的山脈則爲崑崙山脈：其中支由新疆西藏之間，穿過陝西，止於江與淮之間。其北支由新疆過蒙古，止於東省。其南支散布於長江以南的各省，盡於東海與南海的沿岸。這些山脈都是由西到東，與東海及黃海海岸線是垂直的關係，與南海海岸線可以說是平行的。南嶺即崑崙南支與海岸之間有珠江。南嶺與北嶺即崑崙中支之間有長江。北嶺與陰山即崑崙北支之間有黃河。黑龍江則與陰山山系相交錯。山脈是由西到東，河流也是由西到東的。

由以上所說的自然形勢看來，夏商的文化是在河淮之間的平原，是不足怪的。由游牧生活定住下來的民族，當然以這個宜於農業的平原做家鄉。甘肅一帶是水草文化的故園。周與秦都從這裏向東侵略。淮水以南「低濕」之區是一大森林及草木地帶。初住在這裏的民族，是森林經濟的民族。江與海的漁撈生活也是淮南的生活。南嶺諸山裏面當然住着多數的狩獵民族。

然而人類與自然的關係是一個鬬爭的關係，換句話說是一個勞動過程。人類對於自然的適應是能動的適應，與其他動物受動的適應不同。動物的爪牙完全受自然條件的決定；人類的技術卻能够改變自然環境。動物與自然的關係是不變的（變化極緩極微），人類與自然的關係是變化的。古代農業地帶的黃河平原，今日卻仰仗江淮糧食的供給。古來農業最先發達的陝西高原，今日已十年九旱了。

所以歷史的基礎不是自然條件。歷史的基礎乃是人類的勞動力。技術的進步，把勞動力的生產性增大了，則社會的經濟構造便相隨發達。現在我們在本書中所要論述的，就是中國經濟發達過程中相當於西漢（公元前二〇六年至公元後八年）一代的一段。此一段的經濟發達，與以前及以後中國經濟發達同有一個特點，這就是各地生產組織的不同。中國經濟發達從來是不平均的。這種現象的原因，一部分是人類勞動力受自然條件的影響，一部分是歷史的。

各地的人民的主要職業，受自然環境的影響是當然的。在蒸汽機及電氣機沒有大規模使用的中國，這種影響自是難於減少。西南中國的半原始經濟到今存在，半原始文化的民族因而也存在到今。西北及北部中國的游牧經濟維持直至現代，乃有部落生活的蒙古民族爲現代中國的成分。中原及長江乃至南方，主要職業仍然是農業。這都是依於自然環境的各地經濟發達不平均的實例。

復次，各地不平均發達的職業，因中國東西向的交通沒有阻隔，很早就發生分工的現象。各地不同的生產物很早就經由商旅之手而互相交換。依交換之發達，各地人民便適應各地自然條件之所宜而特別發展他們特殊的職業。特殊生產技術的發達，終至於超越各該地域的自然條件。即如古代商業最初發達的山東，在西漢以前有特別進步的手工技術。山東的自然條件比別處並不一定更宜於手工的發達。這種現象乃是歷史的。

由於這些原因，中國經濟發達以各地不平均爲特色。這種特色在西漢以前最爲顯著。

二　農業發達與封建莊園

中國各地經濟發達甚不平均。現先只就文化中心的黃河流域來說。在商代以前，河南及河北一帶有石製農具的使用。最近法國人德日進及桑志華在熱河林西地方獲得許多新石器，其中有的與從前安得生在宣化所得的同樣。專家研究的結果，斷定牠們是使用於農耕的。安得生在河南仰韶所得石器，有的頗似耨鋤，還有與現在北方幾省割高粱所用的鐮相似的石鐮。㊀

商代是石器時代的末期。商族的農耕方法似乎是火耕。甲骨文有如左之文字：

貞焚（殷虛書契前編三三頁）。

卜焚（同上後編卷下四頁）。

令焚（同卷下九頁，鐵雲藏龜八七頁）。

焚，說文與公羊傳解釋爲「火田」或「燒田」。這些文字或者是表示商族在黃河腹部以東行過火耕。

火耕法是在一塊土地上用火燒草以石鍤抉土而後播種。既不能深耕，又沒有比草灰更好的肥料，所以用這種耕法的農夫必須每年更易耕地。㊁商族不因農業的發生而停止轉徙，就是這個道理。並且商族的重要生產還是畜牧。甲骨文有如下的文字：㊂

卜貞牧□羊。（殷虛書契後編卷下一二及一三頁）。

卜貞從牧。（林泰輔龜甲獸骨文字卷一，二六頁）

大芻。（殷虛書契前編卷四，三五頁）。

這樣的文字雖然不多，但依羅振玉的研究，商族用牲的數目一次有多到三四十至一百的。㊃由此可知商族的畜牧是盛大的。㊄游牧部落是奴隸制度的發明者。商族雖有奴隸，卻不是定住的農業社會。

公元前一一〇〇年，從甘肅向東的周族定住於陝西及黃河腹部與下游一帶。周族有銅器，如鏟、鎛、銍之類。而灌溉術也漸次發明。銅製農具可以在同一耕地繼續淺耕。這時以後，耕地有不休耕的有每一年休耕及每二年休耕的。㊅但是這仍然是在同一耕地上工作的。西周時代已經是定住的農業社會，是無疑的。

周族對於黃河流域高邱及平原農業區域，以征服及開闢建立封建莊園。周一方面令商末諸侯有些各守其莊園，㊆他方面使本族及同盟部落散布於各地，「徹田爲糧」，㊇以收奪農民的剩餘勞動。

「徹」是通的意思。通貢與助之二法以收奪農民剩餘勞動，叫做徹。㊈換句話說，農民一方面把分給自己耕種的私田所收穫的生產物貢十分之一爲正租（什一稅），他方面又提供九分之一的勞動力耕種領主的公田。公田就農民在領主監督之下耕種公田的情形㊉來看，好像是奴隸勞動。但每一農戶既有所謂「私田」，而又有什一稅，則是農戶分受土地，獨立耕種，而納田租與勞動於地主，這不是奴隸勞動的現象，乃是農奴制度。

莊園之中，耕地以外還有獵場。春蒐，夏苗，秋獮，冬狩，(十一)是領主的娛樂，同時又是統治者戰鬬的演習。狩獵是在林藪之間用火獵法。(十二)農奴有忍受耕地的蹂躪及從獵的義務。(十三)手工業是由農奴兼做的。領主的衣裳酒醴都由農奴貢納。(十四)

莊園的成立，有征服和開闢的兩種方法。周族的征服是顯然的事實，同時以奴隸開闢林藪為耕地的事實，在黃河流域農業區也不是沒有。如鄭便有「庸次比耦，以艾殺此地，斬之蓬蒿藜藋而共處之」的傳說。(十五)至於長江流域的楚，則是開闢森林以建立莊園的。即所謂「篳路藍縷，以處草莽；跋涉山林，以事天子」。(十六)征服和開闢都要以奴隸勞動力的厚薄多少為衡。所以莊園的大小不能劃一。莊園的經界也不能整齊。周禮諸公五百里，諸侯四百里，諸伯三百里，以下遞減百里之說，固然不可信憑；孟子與王制七十里與五十里之說也不足信憑。不過大領主在所征服或開墾的大領地以內，劃出一段來分授小領主，這種事實是尋常的。有名的散氏盤銘(十七)所謂

「一封」「二封」以及「封於口」，便是在領地內劃莊園的經界的記錄。但莊園的授予，在歐洲中世是以農戶爲標準而不以耕地爲標準。封建的支配對於農奴是決定的，不是對於耕地的。

（六）我們看左傳有各諸侯分殷民多少宗多少族的記載。（七）周金文也有「錫汝庶人六百五十又九夫」，（盂鼎）「舍汝臣十家」，（令鼎）這一類的文字。這不一定是賜奴隸，這許是賜農戶的記錄。要知道領主所要的是田租，即「土地與農民」，而不是單純的人戶。並且後來的典籍用「夫」來計算耕地的面積，也許是舊來以農戶多少爲標準而授耕地的遺跡。

（一）國立中山大學語言歷史學研究所週刊第四集十二期，程憬「商民族的民族社會」。

（二）程憬上揭論文可以參考。

（三）郭沫若中國古代社會研究第一版二三八頁以下。

（四）羅振玉增訂殷虛書契考釋卷下六〇頁以下。

（五）從郭氏的解說。

（六）周禮大司徒有不易之地，一易之地，及再易之地的話。這是漢儒寫的。西周以後有易耕法是無疑的，但不能斷定是什麼時候發明。

㊆商末已有封建領主與否，不可知，但左傳成十一年劉子單子述傳說以爲：「昔周克商，使諸侯撫封」。

㊇詩經大雅關于封建諸侯的詩，屢次有這句話。如崧高韓奕等詩是。

㊈孫詒讓籀膏述林卷一說：『蓋以貢什一，助九一，通二法以爲率，故云通其率以什一爲正，是謂兼法貢助之舊法，而無所損益也』。

㊉詩經甫田之詩說：「曾孫來止，以其婦子，饁彼南畝，田畯至喜，攘其左右，嘗其旨否，禾易長畝，終善且有，曾孫不怒，農夫克敏」。這是直接監督農夫的地主及田吏對待農夫的情形。

⑪左傳隱五年。

⑫參看詩經鄭風叔于田之詩。

⑬參看詩經七月之詩：「一之日于貉」一段。

⑭同上七月之詩。

⑮左傳昭十六年子產答韓宣子的話。

[十六]左傳昭十二年。

[十七]錢大昕潛研堂金石跋尾卷一謂吳玉搢金石存始著錄此銘，吳氏以後考證者十餘人。

[十八]瓦爾加中國革命之根本問題，載世界經濟年報，譯文載樊仲雲東西學者中國革命論。（新生命書局出版）。

[十九]左傳定四年萇弘所說。

三　封建制度的分解

完整的封建制度維持約七世紀而分解。

在封建的束縛之下，一切都是固定的。「民不遷，農不移，工賈不變，士不濫，官不滔。」[一]生產者的職業沒有選擇的自由。「庶人力於農穡，商工皂隸不知遷業」。[二]又在封建制度之下，一切都是等級的，天子，諸侯，卿大夫，士，庶人，工商，皂隸，牧圉，絲毫不濫。生產勞動者的生產物與勞動力，受上面層層的分潤。生產力的增進是不容易的。

生產力的進展速率不能解決過剩人口的問題。過剩的貴族只有向外掠奪新莊園。過剩的農奴也只有新領地可以安置。因此封建領主對於熟地的競爭及對於生地的開闢，不得不加緊努力。中原的戰爭及邊地的發展，在歷史上是不斷的出現。最顯著的是以他們開闢邊地所獲得的新領地新農奴的威力，脅迫中原的諸侯：這乃是齊、楚、秦、晉諸霸君的政略。

然而戰爭不能解決人口問題。生產技術的發達乃有必要。

春秋時代手工業已有從農耕分化而獨立的樣子。在左傳上常有工商並列的記載。在衞，文公曾「通商惠工」。在齊，管仲曾免工業者的兵役。

農耕技術的進步，最重要的是鐵器的使用，尤其是犂與牛的使用。㊂灌溉術的普及，這時代還是沒有，但已有爲用水而爭的案件，發生於公元前四九三年。㊃但是灌溉術還是在戰國時代較爲普及的。甘、陝、河南之北部，河南中部，及江蘇北部都用水灌田。有用河水的；㊄也有用井水的。

㊅

犂之使用，劃分耕地爲長方的町畦。灌溉術的使用，以溝洫分布於町畦之間。一畦的耕地以內所需要的勞動力因使用進步的耕具而減少。領主於此時就逐放一部分的農奴，只留取較少的農戶從事耕種而交納較多的地租。公田也以分爲阡陌貸付農夫而收取地租爲有利，無須繼續從前的「千耦其耘」㊆的集合的大量勞動。這就是所謂阡陌制的來由。而這個制度當然首先發生於陝西，這個區域是周族自征服商族以前已施用他們進步的農耕技術開發下來的。歷時六七百年，秦國又大規模使用灌溉術。陝西的農業特別發達，不是偶然的。

東西以河流連接而沒有山嶺阻隔的大平原上，生產力發達不均而主要職業不同的各地，早有交換的關係。當封建莊園初成立時，商人已經存在。不過封建制度時期的商人，是以諸侯卿大夫等貴族爲顧主。㊇商業的影響還不能達於直接生產的農民。但此後，農業生產逐漸發達而商業經濟也逐漸展開，貨幣㊈經濟逐漸把農夫也捲進來了。恰因農業生產力的增進而農奴已漸從莊園勞動解放，自有其獨立耕種的獨立農場。他們因之更不能避免與商業市場的接觸。

此新生的獨立農場是全收穫物十分之五的地租㊉的產生者。農場既產生地租，而其數量足以抵償投下資本的利息，則商人資本就必然要向耕地的購買投入。

一方面則莊園領主有時低頭於商人資本之前，爲高利貸的債務人，不得不把一町一畦或全莊的耕地出賣於商人。他方面則捲入商業經濟的農奴之間有貧富的分化；富裕農奴有起儕於自由地主的實力。

春秋後期貴族的沒落及農奴的解放，史書上頗有記載。如晉的貴族欒，郤，原，狐，續，慶，伯，皆降在皂隸；(十一)而鄭國子孔想重定等級的載書，卒歸焚棄。(十二)新起的地主議論政治的事情也有了。(十三)商人的豪家篡諸侯的位，乃發生於商業最發達的齊國。(十四)隨重耳出奔的「有士五人」，(十五)後裔竟把晉國分了。「士」，乃是封建制度中的自由地主。戰國時代就是封建制度已經分解的時代。舊貴族沒落而商人與新地主的活躍，便是這時代的特徵。(十六)

(一)左傳昭二十六年晏子之語。

(二)左傳襄九年子囊之語。

(三)文獻通考田賦考引石林葉氏之語：「孔子弟子冉伯牛司馬牛皆名耕，若非用于耕，則何取於牛乎？孔子言『犂牛之子騂且角』，則孔子時固已用犂。」

(四)左傳哀公二年：「初武城人，或有因于吳竟田焉，拘鄫人之漚菅者，曰：『何故使吾水滋』」？

(五)見史記河渠書。

(六)見莊子天地篇。

(七)詩經載芟之詩。

(八)如鄭的商人在鄭國初成立時，與鄭君訂立盟約，卽是商人專與貴族往來的一例。

(九)貨幣當然不限于金屬鑄貨，銅塊，布帛，穀，這些都是古代中國的重要貨幣。

(十)前漢書食貨志說秦的地租爲全收穫十分之五。

(十一)左傳昭三年叔向所說。

(十二)左傳襄十年。

(十三)左傳襄三十一年：「鄭人遊于鄉校以論執政」。

(十四)田氏是齊的商人貴族，以賤賣商品取得民心而奪政權，見左傳昭三年晏子的話。

(十五)左傳昭十五年。

(十六)此詳述于本叢書拙著辯士與遊俠一册。

四　由戰國到秦朝的經濟發達

上面所說的封建制度分解過程，並不是各地一樣一次完成的，也不是幾年之內便把一切封建要素都消滅了。這個過程在大勢上是一經前進不易挽回的，但各地之中，有許多的例外錯雜於其間。戰國時代（公元前四〇三年至二二一年）便是這樣一個錯雜的時代。

戰國時代各地經濟特徵大略可以這樣說。

（一）齊以及近齊的趙燕，包含現在的山東和河北之中南部，是商業經濟最發達的區域。最大的商業都市臨淄，㊀及「天下之中」的陶，㊁都在齊國。商業發達的條件在這地方出產魚鹽。因商業發達，而手工業受了刺激，「文綵布帛」的生產也盛。㊂在地主看來，齊趙是「智巧機利」㊃的區域，換句話說即手工技術最著名的區域。其耕地多用於絲業紡織業原料「桑麻」的種植。在這區域裏，商業資本的威力曾於春秋之世使小白與管仲建立霸權於中原。禮樂之國的魯也受商業資本的支配而好賈趨利了。㊄邯鄲也是一大商業都市，以繁華著名。㊄

（二）秦包含陝西甘肅和四川，是以農戰立國。陝西是農業最發達的區域。此處的被治者是「好稼穡樹五穀」㊅的農民，忠順政府「有先王之遺風」。甘肅是畜牧豐富的處所。牛馬等戰事農事用的家畜是這裏的特產。四川則山面山裏富有各種的產物，如丹砂，石，銅，鐵，竹，木。其南則出產最好的奴隸筰馬旄牛，這些特產都匯聚在陝西的政治中心都市，特輸到關外各地。因此秦地的商業很發達。秦在戰國末期以後把中國的財富都集聚在手裏。財力居「天下十分之六」。

（三）韓魏及趙的西部，包含河南山西，是農業繁盛的地方，是諸侯所聚爭的熟地。「土地狹小，民人衆，都國諸侯所聚」㊆。農產物的交換盛行。如鄭，及陽翟，都有大商人。呂不韋就是陽翟的豪商，竟成秦國的相國。

（四）楚包含河南南部及兩湖，江蘇浙江平原後來也歸其統治。江蘇南部及浙江北部（吳與越）是商業經濟發達的地方。商業資本曾使越王勾踐稱霸於中國。但此處及他處，農業手工業（除兵器製造術外）卻不發達。「飯稻羹魚，或火耕而水耨」㊆，人民吃的是果品魚類。生產技術因生產太容易而落後了。這一區域是封建制度最後發達而最後分解的地方。直到漢初還有領主存在：如昭氏，屈氏，景氏。(八)而項梁項羽也是地主的豪強。

貴族的倒壞出現於齊與三晉代貴族而起的。在齊與在三晉卻又不同。商業區的齊落到商人貴族田氏之手。農業區的三晉掌握於打倒舊貴族的新貴族，兩處相同的是新起的自由地主，到處發達。土地私有制度在這幾國是逐漸發達的。大抵縱橫之士出於三晉，哲學科學家聚於齊都。法治主義也是三晉的政治思想家主張的。這些知識分子都是自由地主出身。

秦的貴族從不去持行政。封建莊園制度首先破壞於秦。在春秋時代，秦已經重用士人當國。在戰國時代，士人在三晉與齊雖只管國家對外的政務，而在秦，他們已主持內政。(九)這個地方是小農經濟最典型發達的。因生產力之發達，小農一躍而爲小地主。秦把三晉的農奴招進來做這些小地主的佃戶，把小地主從農業勞動解放出來，專門作戰。這是秦所以兵力最爲強盛的原因。由此可知佃戶制最先發達於此地。經濟上統治者是自由地主，政治上自然也以自由地主（士人）爲統治者了。

土地私有制成立於秦齊與三晉。舊來的地主漸窮而新興的商人地主漸富。韓非所說：「正戶貧而寄寓富耕戰之士困，末作之民利」，[十]即是指此。舊來的農奴或升爲地主，或降爲奴隸，或變爲雇農。韓非所說：「天飢歲寒，嫁妻賣子」，[十一]就是農家子女賣爲奴隸的指示。他所說：「賣庸而播耕」，[十二]就是說那時三晉已有雇農的制度。

奴隸制度是戰國時代顯著的事實。一個商人或地主有奴隸萬人或三百人的。漢以前不少實例。呂不韋奴隸數千人，嫪毒萬人，張良也有三百人。商業資本家沒有不用奴隸做商事勞動的，如白圭的「用事僮僕」。[十三]礦坑勞動是奴隸做的，所以卓氏家僮多到一千人。[十四]

土地私有與奴隸制度的發達，都與商業資本的發達有交互的關係。農民是在商業經濟之下纔破產而賣耕地賣身體的。這是因爲什麼呢？商業活動是「市賤鬻貴」，[十五]商人從農民以賤價買，向農民以貴價賣，纔可以獲得利潤。你且看白圭怎樣對付農民。

白圭樂觀時變，故人棄我取，人取我棄。夫歲熟取穀，與之絲漆；凶取帛絮，與之食。（史記貨殖傳。）

「之」就是農民。歲熟，穀價因供給多而低落，商人便收買穀而出賣絲漆。歲荒，穀少，農民不得不出賣帛絮而買穀，商人便以賤價買帛絮而以貴價賣穀。這是商業資本破壞農民生計而使他賣耕地賣身體的方法。至多止能看做戰國時代法家著作的管子也說得很透：

秋糴以五，春糶以束，是又倍貸也。（房注謂富者秋時以五糴之，至春出糶，便收其束矣，此亦倍貸之類也。束，十疋也。）

這是說持有貨幣（帛或布）資本的商人，在秋收時期，以五疋布帛買進農民的穀，到了春天青黃不接的時候，以十疋布帛的價格把同量的穀出賣與農民，這也是利息加倍的放款。農民的破產只有在這種商業資本操縱之下最爲慘酷。而戰國時代，小農生產與商業資本已經有這樣的剝削關係了。所以一方面土地買賣漸次盛行，他方面奴隸制度日益發達。舊來的貴族分化爲大地主與游民。舊來的農奴也分化爲耕農，雇農，富農，小地主與奴隸。封建制度分解了。

㊀史記蘇秦傳：「臨淄之中七萬戶」。

㊁史記貨殖傳。范蠡「以爲陶，天下之中，諸侯四通，貨物以交易也。」

㊂史記貨殖傳。

(四)同上。

(五)同上。

(六)同上。以下說明均據此。

(七)同上。

(八)王應麟困學紀聞考史：「王逸云屈原爲三閭大夫，三閭之職，掌王族三姓；曰昭，屈，景。屈原序其譜屬，率其賢良，以厲國士。漢與，徙楚昭屈景於長陵，以強幹弱枝，則三族至漢猶盛也」。

(九)詳細說明見拙著辯士與遊俠一册。

(十)韓非子亡徵篇。

(十一)韓非子六反篇。

(十二)韓非子外儲說左上。

(十三)史記貨殖傳。

(十四)同上。

(一五)國語齊語。

五　秦的政治對經濟的反作用

這種分解過程，因秦的統一而加速。

何以秦能統一六國，卻不是齊，也不是楚？最進步的農業，以進步的生產爲基礎的商業，地主制度與地主統治，這些都是秦地發達成熟的事物。恰好這些事物是六國經濟發達的歸趨，六國的統治集團都是舊制度的遺物，必然有沒落的運命，而其沒落必授權力於自由地主官僚集團的秦國。

在經濟發達的趨勢與政治制度的趨勢上，秦是適於統一六國的國家。以兵制論，秦更有征服六國的實力。秦的士卒是自由農民。他們是愛故鄉的。他們是勞動出身。他們的田地已委三晉招來的佃農及雇工，不因他們出征而荒廢。他們認識勞動力的價值，他們奮勇作戰以掠俘虜。他們因此是有進無退的。反之，楚的貴族仍驅策農奴，他們既沒有強健的體格，充分的訓練，並且他們出征則莊園荒蕪。齊是以貨幣資本雇用遊民的傭兵制，「事小敵脆則可用，事巨敵堅則渙然離矣」。㊀三晉的農兵，雜以農奴與奴隸，也不及秦國每農民「百人則以五十人爲農，五十人習戰」。㊁所以秦一出兵，六國就亡了。

秦有統一六國的能力。但我們還要問，爲什麼秦在這時候（公元前二二一年）竟完成統一呢？原來這時候商業資本已把分工的各地生產組織漸次統一，頗有國民經濟的現象。㊂商業經濟之集中，是爲統一集權政治。

但是我們要注意：交換經濟雖然是國民的，生產組織卻仍是地方的。如前所說；齊的手工業雖然進步，而楚的社會還沒有超越封建制度的範疇。秦雖有足以建立佃戶制的農業生產力，三晉還多使用農奴及奴隸的農場。在這種不平均的生產組織上面，秦以政治權力推行他固有的土地私有與自由買賣，以及佃戶制度。這種制度是以自由地主與富農爲後援而成立的。但是，除秦以外，如齊只有大商人地主與遊民無產者貧農的對立，如楚只有領主與農奴的對立，如三晉則自由地主與富農還沒有壓倒莊園領主的勢力。在這些地主，施行秦朝的制度，只有得到與秦地施行時相反的效果。齊的獨立地主（如田橫的武士五百人之輩）受不住豪商的兼併。三晉的領主及奴隸所有人（如張良）憎恨秦朝破壞土地的世襲，而獨立農民也苦於商業的併吞。楚的領主（如昭屈景三家與項氏及番君之輩）更痛惡秦朝的土地自由買賣制。並且，秦的徭役制度是對關中以三晉農民爲佃戶而自己從農耕勞動解放出來之自由地主富農而實施的；現在他把來加於貴族，商人，貧農，小地主，及農奴與雇農（如陳涉）了。並且在政治統一之後，商業資本的蓄積，造成有力的豪商（如田家）與失業的農民即游民無產者（如韓信，彭越，黥布，乃至劉邦）。這些羣衆一起感受經濟的，財政的，政治的壓迫。他們一致蜂起，把秦代統一集權政治斷送了。

㊀通典兵制引荀子語。

㊁文獻通考兵考一。

㊂荀子王制篇已指出四海的產物都交湊于中國的現象，請參看。

第二章　西漢初期的經濟

一　漢之成立與商業衰退

貴族（項羽及六國之後）雖起兵企圖保持或恢復舊來的領地，但這是蜂起的貧農與游民無產者（劉邦集團）所不許的，他們的目的在分受貴族的土地。商人資本家（如田榮）想乘機獲得政權，以代替抑商的秦國，但是土地兼併卻反於農民無產者的要求。在農場分散的經濟趨勢之前，反貧農及無產者要求的企圖是必然失敗的。以項羽爲首領的諸侯王因此消滅，而成功者是貧農無產者的首領劉邦（公元前二〇二年稱帝）。

劉邦不是以農民首領的資格成功，他是棄卻農民，利用游民無產者，卻以剝削者而成功。他以新諸侯王制度（以下叫做封君制度）代替舊諸侯王制度（即封建領主制度）。他的政策適宜於自由地主的發展，而不適宜於農民。他的政策是地主富農的需要。

沒有集中的生產，當然沒有生產勞動者的政權。分散於分散的農場之上做工的農民，在出賣生產物以購買農具肥料的時候，在賤買貴賣的商人之前，彼此之間立於相互競爭的關係。農民因此沒有組織自己的統治階級的能力。至於游民無產者乃是輕視勞動的不生產羣衆。他們把生產的負擔轉嫁於農民與奴隸，他們不負荷社會的生存，反成爲社會的負荷。他們仰仗富豪的慷慨與國家的賙恤。他們不反對剝削制度。他們有組織暴動的能力。他們以暴動求物質欲望的滿足。他們使他們的首領以剝削農民無產者的勢力而成功。

但在劉邦成功的時候，農民已分配耕地。齊楚的豪強徙入關中（公元前一九八年）。土地兼併的現象一時打破了。商業資本一時也衰落了。當時乘普遍暴動之後，人口凋零，農業廢弛。商業頹敗。當時的人口，依通典的計算，「方之六國，十分無三。」依司馬遷的記載：「大都名城，散亡戶口，可得而數者十二三，」❶都市的衰落可想而知。

一方面都市衰落，他方面土地兼併解散而土地分配於農民，這就是說中國經濟有回歸到秦代統一乃至戰國時代以前的外觀。

在公元之初（平帝元始之初），中國戶數約一二・二三三・〇六二戶，人數約五九・五九四・九七八口，而墾田約八・二七〇・五三六頃。平均每人約一三畝八七。㊁每戶可得五六十畝。若以漢初人口減少時推算，卽令墾田數量也較少，每戶也可得五六十畝以上。如果這時耕地分配是平均的，農民的生計一時當較爲充裕。但是事實上農家賣兒鬻女的事還不能免。由此可見漢初的農業生產也一時衰落。生產的一時衰落，使經濟以及與經濟相應的政治回歸到秦的統一以前。然而回歸卻止於外觀。

莊園制度與農奴制度決不能在分散的獨立農場上面再建。但是生產衰落以及與之相應的商業的衰落，一時使農村有再入現物經濟的狀況。各地的生產組織彼此間的交換關係阻滯了。統一集權的國家遂分裂爲鬆懈相依的多數地方共同體。

㊀史記高祖功臣侯表。

㊁中國經濟學社中國經濟問題十頁。

二　封君制度的實質——附說奴隸制度

新游民貴族以武力把舊貴族的莊園解散了。他們想再建什一稅及九一的徭役。但是他們發見現在的民衆已經不是農奴。現在是獨立的小農場的所有者。於是游民貴族只得徵收這些獨立農場所有人的什一稅與徭役。

從商業經濟差不多回歸到現物經濟的漢初，什一稅與徭役的徵收者所徵收的是現實的生產物與現實的勞動力。這時侯各地方共同體的彼此的關係已鬆懈了。交通要路也突陷於廢弛。想把現實生產物與現實勞動力轉運到遠方是不可能的。諸游民貴族的侯王，只有各各占領一地生產組織，就地徵收賦役。這種超經濟的剝削必須有政治力伴隨。所以漢初的諸侯王有行政的權力。他的官制幾與皇帝相同。王之下，「有太傅輔王，內史治國民，中尉掌武職，丞相統衆官，羣卿大夫都官如漢朝。」㊀侯之下有令長，又有家丞門大夫庶子。㊁至景帝中五年始令諸侯王不得復治國。

國的賦役，各歸諸侯王收用。漢書食貨志說：

山川園池市肆租稅之入，自天子至於封君湯沐邑，皆各自爲私奉養，不領於天子經費。

（注：言各收其賦稅以自供，不入國朝之庫倉也。）

這是一種封建制度不是呢？這是封建制度的外觀。不是農奴制度的復活。不是莊園制度的再建。怎樣說？因爲納租稅的不是農奴，而是分散的獨立農場所有人：有些是收租的地主，有些是自耕的農民。收租的地主對諸侯王納稅，而自己又向佃戶收租。諸侯王收的稅是全收穫十分之一，後來減爲三十分之一，但納稅人向佃戶所收的租，卻當全收穫十分之五。所以後來王莽的令文說：

漢氏減輕田租，三十而稅一。而豪民侵陵，分田刼假，厥名三十，實什稅五也。

這是說：自佃農看來，諸侯王雖名義只收三十分之一，其實佃戶卻出十分之五。佃戶納十分之五於地主，地主納三十分之一於諸侯王。

封建領主所收奪的是地租。漢代諸侯王所收奪的是地稅。封建時代納租的是農奴。漢代納稅的是耕地所有人，而耕地所有人又向佃戶收租。納租的乃是佃戶，而佃戶卻不直接交納於諸侯王，乃是先交地主，由地主再抽交一小部分於諸侯王。

封建領主直接收奪農民，漢代諸侯王間接收奪農民，這是很大的分別！這一分別使封建領主可以存在七世紀，而封君只有半世紀的盛運。㊂

國庫的收入也是與封君收入同樣的賦役。國庫的收入分存於大司農，少府，及水衡三處。㊃一部分供國用，一部分供天子私用，一部分做天子死後葬埋的所謂山陵。因國庫所收大抵是現實生產物，所以官俸是用「石」做單位，有二千石，有六百石等等俸祿。

國庫有大量的國有土地。封君也自有私有土地。㊄封君的私有土地或由奴隸耕種，或由佃戶耕種而納租。國有土地則由奴隸耕種而交納全部生產物。國家與封君都是大批奴隸所有主。

奴隸有官奴隸與私奴隸二種。國家的奴隸是官奴隸，封君的奴隸只限於私奴隸。

官奴隸是犯罪被沒收的。漢律：「罪人妻子沒爲奴婢」。㊅官奴隸隸屬大司農，大約是驅使在國有土地上勞動的。私奴隸是買賣而得的。賈誼之時（約公元前一八〇年以後）出賣奴隸，「爲之繡衣絲履偏諸緣，納之閑中。」㊆

由此又可知封君一方面收稅，他方面又有私有土地及奴隸。這兩方面的財產是必須明白分別出來的。春秋時代以前的封建財產決沒有這種分別。

㊀前漢書百官公卿表。

㊁同上。

㊂詳如本書第二章第二段所說。

㊃文獻通考卷二十三。

㊄漢書蕭何傳說：蕭何買私有土地。但令甲只許「諸侯在國名田，他縣爵金二兩」。（哀帝紀注如淳引令甲文）。

㊅魏志毛玠傳，鍾繇引。

㊆漢書賈誼傳治安策中語。

三　商業資本的抑制

封君是收稅的貴族，與古代收租的貴族不同。但封君與領主相同，也賤視商人，抑制商業資本。

封君是收稅的，當然希望稅多而納稅人有納稅的能力。在文景以前，土地兼併還沒有盛行。納稅人多數是自耕的小農。封君階級希望小農有納稅的能力，並希望小農的人口繁殖。人口減少至不及秦代十分之三的漢初，「自天子不能具鈞駟，而將相或乘牛車」。㊀我們知道他們怎樣希望人口繁殖與納稅能力的培養了。我們卻又知道，破壞農民的財產的，最利害是商業資本。此時農民已與封建制度時代不同，是個個與商業資本接觸的。農民個個要「以鐵耕」，㊁鐵的開採冶鍊，是在商人手裏。㊂農民要吃鹽，鹽是商人販賣的。農民爲了購買鹽鐵以及其餘的物品，必須要出賣農產物於商人，以取得購買所必要的貨幣。商人一方面貴賣而賤買，即操縱物價以掠奪農民；他方面又操縱貨幣的價格。貨幣有兩種：一是現實物品，如布帛穀類，這些當然容易操縱價格於商人之手；一種是鑄貨，這更匯集於商人手裏了。文獻通考卷八記載：

漢興，以爲秦錢重難用，更令民鑄莢錢。而不軌逐利之民，畜積餘贏以稽市物，踊騰躍，米至石萬錢，馬至匹百斤。

這樣一來，農民所受的剝削是太重了。

農民賣賤而買貴，當然只有陷於破產。農民破產，在封君看來，就是納稅人的減少。封君對於減少納稅人的商業資本，當然取敵對的態度。但是封君對於勢力已成的商業資本沒有經濟的對策。他們只從政治上抑制商人。這當然是無效的，但是封君階級只有取這種無效的方法。封君階級在經濟發達的趨勢之前是無力的。他們的賤商政策是如下的。在高帝時：

令賈人不得衣絲乘車，重租稅，以困辱之。

惠帝高后時：

雖弛商賈之律，然而市井子孫仍不得仕官爲吏。（文獻通考卷十四）。

而朝廷考核吏治，以抑制商人爲考核標準之一。官吏對於「強宗豪右田宅踰制，以強陵弱，以衆暴寡」，是要負責的。㈣

㈠史記平準書。

㈡孟子問陳良：「許子以鐵耕乎？」

㈢卓氏郭氏以冶鐵致富見史記貨殖傳。

㈣漢書百官公卿表，監御史條，師古注引漢官典職儀。

四 這時期的經濟思想

西漢初期，封君階級為培養納稅能力而抑制商業資本已如上述，此外封君對農民的政策則以「安集」為大經。自高帝以後直至景帝（約公元前二〇〇年至一四一年）執政者都是封君。他們一系相承的政策都是安集政策。最初施這一政策到全國的，乃是曹參。漢書曹參傳說：

參為齊相，盡召長老諸先生，問所以安集百姓。而齊故儒以百數，言人人殊。參未知所定。聞膠西有蓋公，善治黃老言，使人厚幣請之。既見蓋公，蓋公為言治道貴清靜而民自定，推此類具言之。於是避正堂舍蓋公焉。其治要用黃老術。故相齊九年，齊國安集。

黃老之言，是安集政策的哲學。這種哲學，到了曹參相漢之後，便成了統治階級的支配思想。其效果是「載其清靜，民以寧一」。㊀換句話說，就是使小農在三十取一的輕稅之下，恢復農業生產力。再換句話說就是以不干涉主義養成小農的納稅能力。

收租地主在封君之下做官吏。地主數少，所以差不多在漢初是吏與豪強是一個東西。吏之外沒有豪強，豪強都做了吏。㊁因此，封君之下的地主也很滿意的生活下去，用不到橫蠻的苛索。

在農業生產力漸漸恢復的時期，封君，官吏，地主，一切是安定的。這期的情形，頗有封建制度重現的外觀。這時候，

非遇水旱之災，民則人給家足。都鄙倉庾皆滿，而府庫餘貨財。京師之錢累巨萬，貫朽而不可校。太倉之粟陳陳相因，充溢露積於外，至腐敗而不可食。衆庶街巷有馬，阡陌之間成羣，而乘家牝者擯而不得聚會。守閭閻者食粱肉，爲吏者長子孫，居官者以爲姓號。（史記平準書）。

在這種一切安定的經濟社會狀況之下，黃老思想發達是當然的。以當時流行的著作而論，道家三十七家九百九十三篇。說是黃帝及其臣的著作，漢書藝文志著錄的，涉及道家，陰陽家，小

說家，兵家，天文，歷譜，五行，雜占，醫經，經方，房中，神仙之十二類，已有四百九十八卷之多。如果把陰陽五行等類之中別自道家的著作合計起來，書籍的數量當不在六藝之下了。

班固漢書藝文志也承認道家「淸虛以自守，卑弱以自持」，是君人南面之術。㊂本來，自封君階級看來，只要小農能够順四時的節候而從事農耕，家給人足，有力納稅，而國家則强本節用，放任農業的發達，只須統治者地位安定，這樣下去也就滿意了。

封君階級這樣的要求，從道家的司馬談的論說，可以完全表現。他主張「以虛無爲本，以因循爲用」。他主張君應以「因」爲綱，具體的說，卽是放任主義。他在放任主義之下，取墨家的「强本節用」，以求家給人足；取陰陽家「序四時之大順」，以求農業的進行；應節取法家與名家的正名，取儒家的「列君臣父子之禮，序夫婦長幼之別」，以確定階級制度。他雖取儒家的階級名分主張，卻反對儒家的繁文縟節。他指斥儒家是「博而寡要，勞而少功」。㊃

漢代初期的政略，純然是因循主義。經濟上的放任政策，反映爲政治上的放任政策。一切變革，是受人反對的。不獨道家反對變革，律曆家也是反對。文帝時（約公元前一六七年間），魯人公孫臣上書以爲秦是水德，漢是土德，應當改正朔易服色，色尙黃。但好律曆的丞相張蒼卻反對改革，以爲漢是水德，無須改正朔易服色，仍舊以十月爲年始，色外黑內赤。㈤

司法官反對刀筆吏，主張以「長者」的態度治民，也是這時期的特色。文帝喜歡上林的嗇夫會說話，張釋之力諫，以爲秦任刀筆吏，「其弊徒文具耳」。大臣應當像周勃和張相如，「言事曾不能出口」。㈥

一切都是安定的，一切都是無變革無創造的。

㈠漢書曹參傳贊。

㈡這話在某史的某傳看見過，一時翻不出來。

㈢漢書藝文志道家之說明。

㈣看司馬談論六家要旨，載史記卷一百三十。

㈤史記封禪書。

㈥史記張釋之傳。

五　集權的企圖及重農思想的展開

在放任政策之下，封君是這時期最富的階級。

人口因農業生產力的恢復及增進，漸加繁殖。納稅的小農，還沒有受商人大地主普遍的猛烈的倂吞，納稅能力既已養成，數量又迅速增加。收稅的政府之富，既如前節所說；收稅的封君之富當然可驚。賈誼在文帝時指出諸侯王權勢太大「勢足以專制，力足以行逆」㊀譬如一身害了腫症，「一脛之大幾如腰，一指之大幾如股」。㊁這時候，非封君的富豪，如楚的昭屈景氏，齊的田氏，都徙到關中，只有各地治國收稅的諸侯王，富力可以比擬天子。這是危害統一國家的現象。

在高帝時，同起的游民軍事首領如韓信，彭越，黥布之輩，已經用武力消除；不圖農業的發達，把同姓諸侯王的勢力培養起來。如果在春秋時代以前自然經濟時期，地方分權的封建領主本不會發生異動，本無意取得中央的政權。當時所謂天王只不過較大的莊園領主。現在，地方分工的經濟趨勢已經無可挽回。商業資本的開拓，沒有人能夠阻止。集中財富的封君，沒有不想因乘這種勢力，開拓疆土的，況且，商業經濟所造成的統一國家，雖此時沒有造成集權的中央政府，但是國庫的收入已巨大可驚。占領中央政府因成爲強大封君的渴想在同一時間與空間，天子與諸侯王之強大者，都想統一全領土，造成統一的商業市場與集中的賦稅組織。危機便在這裏了。周的王室雖沒有統一和集權的夢想，漢的王室卻正爲這種企圖而焦心。實現這個企圖，有兩種最重要的手段：第一是減削諸侯王的賦稅收入；第二是集中財政收入於中央政府。

賈誼在文帝時代（公元前一七九年以後），提出有名的治安策，向這兩點而建言。他主張分散諸侯王的封地。「力少則易使以義，國小則亡邪心。令海內之勢，如身之使臂，臂之使指，莫不制從」。其方法使各王的子孫分受其祖父的分地，地盡而止。諸侯王既經減削，則嚴定階級制度。「等級分明，而天子加焉，故其尊不可及」。

至於財政集中，則從鑄幣權的國有着手。其手段是中央政府收斂銅而不使散布於民間。中央獨占了銅，以調劑錢幣的輕重，以鑄兵器，而依貴賤等級授予羣臣，以增加中央政府的購買力，使「官必富而末民困」。㊂

這兩大政策是基於中央集權政治成立的可能性而建議的。但是當時的商業資本還沒有壓倒封君階級，中央集權還嫌太早。所以賈誼隨政策不行而廢黜。果然收稅最多的大諸侯王，以鑄錢幣來集中財富的劉濞爲首領，於公元前一五四年起兵反抗中央政府。主張削減諸侯王領地的鼂錯，衣朝衣斬於市，爲中央集權政策的犧牲者了。

迎經濟發達趨勢的潮流而預先主張集權政治的賈誼與鼂錯，前者近於儒家，後者卻是法家。他們的經濟思想是怎樣的？一句話可以答覆：他們的思想是重農思想。他們對於商業取干涉主義。

文景的時候（公元前一七九年至一四一年），農業生產力發達，促進了農產物交換的發達。集中農產物交換行爲的商業，已再上發達的路。商業資本括削農民以取利潤，同時又刺激手工技術的進步。賈誼於此就指出農民流亡，且將蜂起革命的危機。他說道：

今富人大賈嘉會召客者，以（黼繡）被牆。……夫百人作之，不能衣一人，欲天下亡寒，不可得也。一人耕之，十人食之，欲天下亡飢，不可得也。飢寒切於民之肌膚，欲其亡爲姦邪，不可

得也。國已屈矣，盜賊直須時耳。[四]

他主張重農而抑制工商，說道：

今驅民而歸之農，皆著於本，則天下各食於力。末技游食之民，轉而緣南畝，則民安性勸業而無懸愆之心，無苟得之志，行恭儉蓄積，而人樂其所矣。[五]

鼂錯說明商業資本與農民的關係，比賈誼更爲確切。他說道：

今農夫五口之家，其服役者不下二人，其能耕者不過百畝，百畝之收不過百石。春耕，夏耘，秋穫，冬藏，伐薪樵，治官府，給繇役。春不得避風塵，夏不得避暑熱，秋不得避陰雨，冬不得避寒凍，四時之間，亡日休息，又私自送往迎來，弔死問疾，養孤長幼在其中。勤苦如此，尙復被水旱之災，急政暴虐，賦斂不時，朝令而暮改。當其有者半價而賣，無者取倍稱之息，於是有賣田宅，鬻子孫以償債者矣。——而商賈大者積貯倍息，小者坐列販賣，操其奇贏，日遊都市，乘上之急，所賣必倍。故其男不耕耘，女不蠶織，衣必文采，食必粱肉，亡農夫之苦，有仟伯之得；因其富厚，交通王侯，力過吏勢，以利相傾，千里遊遨，冠蓋相望，乘堅策肥，履絲曳縞。此

商人所以兼幷農人，農人所以流亡者也。㊅

因此他主張貴粟重農。其手段是令民入粟拜爵及贖罪。這手段是很拙劣的，但他提案的說明卻把當時經濟的發展，指示得最為深刻。

㊀新書（涵芬樓影印漢魏叢書版）卷二。

㊁漢書賈誼傳治安策文。

㊂新書卷三『銅布』。

㊃漢書賈誼傳，新書卷三薛孽子條。

㊄新書卷三瑰瑋條。又漢書食貨志上。

㊅漢書食貨志上。

第三章　商業發達與土地集中

一　商業發達與賤商政策的失敗

賈誼鼂錯看見商業發達，商人豪奢，農人吃虧，革命迫切。但是這又奈何呢？土地私有制度已經建立。各地商品的流通已經發動。農奴階級早已分化。手工技術早已發達。封君階級以爲他們所徵收的是地租，實際上早成了收稅的懸空的貴族。他們既沒有直接支配農民的生產與勞動，他們怎能夠桎梏地主的發達與商工業的進展？

都市中商業區域之列與肆❶充滿了豪商大賈，壟斷物價，操縱貨幣，交通貴族，指使吏民。賤商政策已歸於無何有之鄉了。所以鼂錯接着說：

今法律賤商人，商人已富貴矣，尊農夫，農夫已貧賤矣。

事勢是這樣的；在大亂既平以後，小農民及奴隸所有主在輕稅之下，恢復了生產力並且還有進步。各地特殊職業因此發達。商品流通因此繁盛。司馬遷描寫武帝時代（公元前一四〇年至八七年）商品流通的情形，說道：

山西饒材竹穀纑旄玉石。山東多魚鹽漆絲聲色。江南出柟梓薑桂金錫連丹砂犀瑇瑁珠璣齒革。龍門碣石北多馬牛羊旃裘筋角。銅鐵則千里往往山出棊置。此其大較也。皆中國人民所喜好，謠俗被服飲食奉生送死之具也。故待農而食之，虞而出之，工而成之，商而通之，此寧有政教發徵期會哉?人各任其能，竭其力，以得所欲。故物賤之徵貴，貴之徵賤，各勸其業，樂其事，若水之趨下，日夜無休時。不召而自來，不求而民出之。㈡

商品流通是不須政府號召，乃依於供給與需要而無計畫前進的商品流通，使三種人因而獲利。

（一）是商。這是到商品生產地去採辦，到商品消費地去販賣的人。「行賣曰商」。㈢

（二）是賈。這是設店舖堆棧，收買小生產者的生產物，屯積起來，等待價漲的時機再出賣的人。「坐販曰賈」。㈢

（三）是駔儈。「儈者會合二家交易者也。駔者其首率也」。㊃換句話說，即是牙行。

在都市中，有一定的區域，是店舖張開的處所。這叫做列，或肆。肆或列之中的店舖，是賈所設的。商到各處去以廉價收買的小生產者的生產物，有時賣給賈。賈把商品貯積起來，乘農民之急而出賣。並且，小生產者到都市來出賣生產物的時候，必經由牙儈的經手，纔可以規定價格，得到買主。牙儈經手的買賣，當然要抽收規費。總之，小生產者的生產物，必須輕過牙儈，小商，纔得到賈的手裏；由賈到消費者或別個小生產者，又須經過小商牙儈。小生產者與小生產者之間的交換，因彼此隔離之故，必須經過五重的抽剝。

生產物一入商賈之手，便變成商品。商品的價格，是由商賈與牙儈規定的。賈把商品屯積起來，非到價格最貴的時機不賣。賈又把貨幣儲藏起來，非到物價最賤的時機不買。倘使你忍不住，沒有到時機就買了賣了，你的利潤便少了。所以說：

貪賈三之，廉賈五之。（孟康注：貪賈未當賣而賣，未當買而買，故得利少而十得其三。廉賈貴乃賣，賤乃買，故十得五也）。㊄

商人既爲貴賣而賤買，必須設店舖於各大都市的列肆，又必須「服牛軺馬，以周四方。」㊅這些店舖與運輸所用的勞動力，是一種耗費。這耗費必須節省，商業利潤始更加多。最節省費用的勞動力，自然算奴隸勞動了。奴隸就是商業資本所抽剝而破壞的小生產者，於破產之後賣身於商人的。如齊之刁閒乃以使用奴隸而起富數千萬。㊆

㊀漢書食貨志上師古注：「列者，若今市中賣物行也」。
㊁史記貨殖傳。
㊂漢書食貨志上，師古注。
㊃漢書貨殖傳師古注。
㊄漢書貨殖傳。
㊅國語齊語說商人的話。
㊆漢書貨殖傳。

二　手工業大農場與奴隸制度

商業資本所造成的奴隸，也不僅使用於商事勞動。大農業畜牧，銅礦，鐵礦，冶金煑鹽，採取丹砂，這一類的勞動，都是由奴隸執行。現在舉例如下：

宣曲（在陝西）任氏，「力田畜」。他的家約是：「非田畜所出弗衣食。公事不畢則身不得飲酒食肉」。這是對家僮的約束了。

橋姚致馬千匹，牛倍之，羊萬頭，粟以萬鍾計。這樣大量的耕種和放牧，必使用大量的勞動力。這也可以算奴隸勞動的例子。

蜀的卓氏有僮千人，是冶鐵致富的。山東程鄭，宛孔氏，曹邴氏，都是冶鐵致富巨萬。這也是用奴隸了。

巴蜀寡婦淸以採取丹砂致富。恐怕採丹砂的勞動也是奴隸執行的。馬氏倮「畜至用谷量馬牛」，當然也使用奴隸。這兩例是秦代的，我引來證明漢代有奴隸制度是不足怪的。㊀

奴隸既使用於手工業礦業畜牧諸勞動，自由勞動者想得到職業就困難了。一則自由勞動者需要比奴隸勞動較高的報酬，雇主們不願雇用。二則自由人不願與奴隸共執勞務。因此，工業農業礦業一入奴隸勞動的範圍，自由人便排出在這範圍之外了。所以雇傭契約很少概見，而買賣奴隸的契約卻很流行。漢代出現的周禮地官質人條載：

凡賣價者質劑焉，大市以質，小市以劑。（鄭注：大市，人民牛馬之屬，用長券。小市，兵器珍異之屬，用短券。）

買奴隸的長券，眞實的式樣沒有樣子，只可從有名的滑稽文王褒僮約推度出來。大約是這樣的：

神爵三年正月十五日，資中男子王子淵從成都安志里女子楊惠買亡夫時戶下髯奴便了，決賈萬五千。奴當從百役使，不得有二言。……（中記應當做的工）……奴不聽教，當笞一百。㊁

㊀以上都見史記及漢書貨殖傳。

㊁續古文苑載有全文。

三　高利貸的盛大及土地集中

商業資本的又一形式是高利貸資本。商人大地主及奴隸所有主把他抽剝農民和榨取奴隸的資本貸給小生產者，取得利息。史記貨殖傳列舉商人的財富，其中有「子貸金錢千貫」，就是這種資本。

高利貸是破壞農民納稅能力的最敏捷最殘酷的手段。漢代的法律因此限制高利。取息過律的人有罰。因此而失侯者如旁光侯般及多陵侯訢。前者以「貸子錢取息過律」，後者以「貸穀息過律」，皆免侯爵㊀。

究竟利息最大限度是多少呢？這是無可考的。取息的方法也不一致。有按照元本多少取息的；也有按照債務人營業所得利潤多少取息的。漢代有後者的方法。周禮地官泉府鄭注：

王莽時，民貸以治產業者，但計贏所得受息，無過歲什一。

由此可見計贏受息在王莽以前超過十分之一的高率。

商業資本與高利貸資本的剝削，把農民弄得「賣田宅鬻妻子」。妻子賣給商人地主做奴隸。耕地賣給商人地主，加入他們已有的田園。耕地由此而迅速集中於大地主商人之手。土地兼併的激烈，在武帝時比以前更是顯著。董仲舒藉秦代爲喻，說當時的情形道：

富者田連阡陌，貧者無立錐之地。又顓川澤之利，管山林之饒。荒淫越制，踰侈以相高。邑有人君之尊，里有公侯之富。小民安得不困。㊁

這些大地主的耕地有些是用奴隸耕種，有些是以全收穫十分之五的地租爲對價而租給小農。小農不化爲奴隸，就化爲佃戶。

㊀漢書王子侯表。

㊁漢書食貨志上。

四 封君階級的衰落

商人資本的累積與私有土地的集中，這種運動於舊來最富的封君階級之外，創造一種沒有封爵官階的富人封君與大地主商人的歲入比較如左：

封君收稅的率是每一戶收二百千戶之君則二十萬。

富豪收息的率是每一萬收二千。百萬之家亦二十萬。㊀

有如下的財產的地主，可以比一個千戶的諸侯：

陸地牧馬二百蹄（五十匹）；牛蹄角千（百六十七頭）；千足羊（二百五十頭）；澤中千足彘；水居千石魚陂；山居千章之材；安邑千樹棗；燕秦千樹栗；蜀漢江陵千樹橘；淮北常山已南河濟之間千樹萩；陳夏千畝漆；齊魯千畝桑麻；渭川千畝竹；及名國萬家之城，帶郭千畝畝鍾之田；若千畝卮茜；千畦薑韭。㊁

有如下的商品的商賈也可以比一個千戶的諸侯：

通邑大都酤一歲千釀；醯醬千坻；漿千甔；屠牛羊彘千皮；販穀糶千鍾；薪稾千車；船長千丈（船長總數滿千丈）；木千章；竹竿萬个；其軺車百乘；牛車千兩；木器髤者千枚；銅器千鈞；素木鐵器若卮茜千石；馬蹄躈千（二百匹）；牛千足；羊彘千雙；僮手指千（百人）；筋角丹砂

千斤；帛絮細布千鈞，文采千匹；榻布皮革千石；漆千斗；蘖麴鹽豉千荅；鮐鮆千斤；鯫千石；鮑千鈞；棗栗千石者三之；狐貂裘千皮；羔羊裘千石；旃席千具；佗果菜千鍾；子貸金錢千貫。㊀這種商人大地主「無秩祿之奉爵邑之入」，而享樂與封君一樣，所以叫做「素封」㊁。但是我們還須知道：素封的發達是以封君爲犧牲的。爲什麼呢？當時農業生產力既已恢復和增進，納稅戶口既曾恢復和增殖，封君的收入比漢初一度增加多了，他們便趨於奢侈了㊂。生活既已奢侈，而商業資本與高利貸資本又漸把封君的納稅農戶破壞，爲奴隸與佃農及雇農。封君的收入，隨商業高利貸資本的蓄積而有遞減的傾向。封君入不能敷出，乃有破產之虞。

倘使漢代封君與周代領主是一樣直接支配農民的生產勞動的，他們還可以把他們的領地莊園，使用奴隸，以營利的方法來經營。他們可以把自己變做卜式樣的牧場主，或任公樣的農場主，又或卓氏樣的礦坑主。他們還可以與新起的商人資本家大地主競爭。然而漢代的封君卻不是直接支配生產勞動的。他們不過從分散的獨立農場所有人而徵收賦稅。耕地的經濟支配早已歸地主商人。封君不過是懸空的賦稅消費階級。他們不能轉變，他們只有坐視素封的高壓一天一天的加重起來。

封君所負擔的從軍義務，自己久已在長期和平之中忘記了。一朝軍令傳來，非借債便不能够製裝。從什麼人去借呢？有的是暴利子錢家。在吳楚七國之亂時（公元前一五四年）我們看見封君受子錢家剝削的實例：

吳楚之兵起長安中列侯封君行從軍旅，齎貸子錢家。子錢家以爲關東成敗未決，莫肯予。唯毋鹽氏出捐千金貸，其息十之。三月，吳楚平。一歲之中則毋鹽氏之息十倍，用此富關中。㊃

此後，封君更「低首仰給」於富商大賈了。㊄封君的衰落與商業的興盛，二者的關係是如此密切的。

封君階級既已經濟上陷於破壞的地位，便不得不忍受政治上的削弱。景帝時代商業經濟以武力屈服封君之後，賈誼與鼂錯所預料而不能夠實現的「強本弱枝」政策，一朝實現了。商業經濟所集中的集權政治一朝建立起來了。㊅

㊀史記及漢書貨殖傳。
㊁史記貨殖傳。
㊂史記平準書：「宗室有土，公卿以下爭於奢侈物甚而衰，固其變也。」
㊃漢書貨殖傳。
㊄史記平準書。
㊅參看本叢書漢武帝一册。

五　市場開拓與財政集中

商業資本的發達，一方面建設集權政治他方面開拓市場，擴大疆域。

中國的農工業以及商業，商業發達於黃河流域的大平原。長江以南，農業不發達而商業也沉滯。在漢代長江以南乃是「卑薄之域」。然而商業資本決不捨棄這卑薄之域。農業雖不發達，珍奇的商品卻多自海洋與叢嶺中來。

番禺爲「珠璣犀瑇瑁果布之湊」。㊀陸賈出使此間，得橐中裝值千金。㊁越王趙佗依陸賈又貢白璧翠鳥犀角紫貝桂蠹生翠孔雀之類。㊂自此以後，時通時絕，屢次訴諸兵力以取交通。

蜀之商賈與滇（雲南）通商，取其僰僮筰馬旄牛。巴蜀以此殷富。最可驚的是從巴蜀販往此間各處的蒟醬竟成西南夷開通的媒介。——武帝建元六年（公元前一三五年），唐蒙出使南粵，吃了蜀蒟醬，蒙問從什麼地方來的。說是從牂柯江運來的。這江通番禺城下，而過夜郎。唐蒙回長安，又問蜀商。蜀商說他們多販蒟醬到夜郎。夜郎受南粵經濟的役使，所以蒟醬到南粵了。㊃因此漢朝遂有開通西南夷之役。這一役煩費太大，不久停止。但是蜀布邛竹杖又把西南夷通印度的路打開了。——元狩元年（公元前一二二年），張騫出使大夏，看見這兩樣商品，問起說是從印度來的。由此可見印度與蜀通，而路要經過西南夷。㊃因此漢朝又重起西南夷之役。

西域的開通，一方面爲的是牽制匈奴，他方面爲的是「大宛及大夏安息之屬多奇物」。㊄烏孫馬；于闐玉；罽賓文繡織罽珠璣珊瑚虎魄流離苜蓿檀櫰梓竹漆；且未蒲陶；這些物品都需要勞師動衆。大宛汗血馬更把李夫人的弟弟（李廣利）硬裝成戰將了。㊅

漢朝從來對匈奴是取守勢的。到了集權政治成立的武帝，乃一轉而取攻勢。農業區域防禦游牧部落的進攻，把戰具戰術都改革了。㊆這種改革必須有財政上充分的供給纔可實行。財政的集中又必在商業經濟高度發達以後。商業資本既開拓了西域與西南夷，又準備武力，打開匈奴的壁壘。打匈奴的也不是任何封君，卻是衛皇后的弟衛青和他的外甥霍去病，做封君的官長。帝室集權，當然與封君以難堪的。

中央集權當然要把財政收入集中。匈奴的抗爭及西南的開拓，更需要浩繁的軍費。開通東甌及兩越，搜括江淮的民衆。開通西南夷，鑿山路一千餘里，作工的數萬人，「千里負擔饋糧，率十餘鍾致一石，散幣於邛僰以集之」；巴蜀的賦稅用完還不夠，乃募豪民去墾田。由政府給資本而收其粟。開通滄海郡，用費也與此相比。打匈奴每年發騎兵數萬；築朔方城，轉漕粟穀以給食糧；打一次勝仗，賞賜將士黃金二十餘萬斤；㊇俘虜不驅使爲奴隸，數萬人都由政府供給衣食，並有賞賜；漢軍人馬死者卻十餘萬。後來渾邪王來降，漢發車二萬輛去迎接，又加賞賜，連將士的賞賜這年又花了「百餘巨萬」。㊈再後二年㊉，衛青打匈奴，軍馬死者十餘萬匹，賞賜五十萬金，轉漕車甲之費不在內。像這樣的煩費當然把大司農存蓄的錢都用完還不够。

財政的搜括，一切都是轉嫁於農民。商業資本與地租剝削之下的農民，一方面要提供勞動力，他方面要提供稅捐品。農民流離困頓，沒有餘力築堤濬河。黃河因堤防失修而決口。政府想引導河水灌田，發數萬人開溝渠，歷二三年而關東水災不能遏制。流散的農民數百萬，成了統治階級的脅威。統治階級不得不力謀賑給。

軍事與賑給同時都需要財政的開支。因之，政府想盡了搜括的手段。最初實行的：其一是賣爵贖罪。設武功爵出賣，每級十七萬，約共值三十餘萬金。其二是募賑捐。這並沒有效益。政府雖忙着救貧賑災，移民就食，發兵打仗，而於農民困頓流亡之中，商人資本卻猛烈的累積。

縣官大空，而富商大賈或蹛財役貧，轉轂百數，廢居居邑（廢居者，貯蓄之名也。乘時射利也）。封君皆低首仰給，冶鑄煮鹽，財或累萬金，而不佐國家之急，黎民重困。㊉

於是集權政府遂決行超越商人階級的財政集中政策，以救濟賑災及軍事的用度。這財政集中政策的概略是：

第一發行鑄幣。這時候民間私鑄的錢很多。錢輕而物價貴。政府乃改定幣制。其一種是派給封君承銷的白鹿皮幣，一張值四十萬。其二是銀錫合鑄的白金三品：第一龍文「白選」，值三千；第二馬文值五百；第三龜文值三百。其三是三銖錢。禁止盜鑄，處以死刑。——效果怎樣呢？政府獨占鑄幣的用意在摧抑商人。「但是商賈以幣之變，多積貨逐利」。㊁

第二專賣鹽鐵。政府又以齊的大鹽場主東郭咸陽及南陽大鐵礦主孔僅主持專賣鹽鐵。專賣鹽鐵的用意，照鹽鐵論所載的申說是「建本抑末，禁淫侈，統兼幷之路」。當時的鹽商鐵商起來反對。東郭咸陽與孔僅說他們「浮食奇民，欲擅管山海之貨，以致富羨，役利細民，其沮事之議不可勝聽」。㊂政府遂定下法律；敢私鑄鐵器煑鹽者，釱左趾，沒入其器物。各郡設鹽鐵官，「坐市列肆」專賣鹽鐵。這些官卻都由舊來鹽鐵商人來充任。

第三是恢復商稅。高帝以來本有商稅，惠帝呂后時廢了。這時候政府又把牠實施。「諸賈人末作貰貸買居邑稽諸物及商以取利者，雖無市籍，各以其物自占（各自隱度其財物多少，爲文簿送之官），率緡錢二千而一算。諸作有租及鑄（以手力所作而賣之者），率緡錢四千一算。商賈人軺車二算。船五丈以上一算。匿不自占，占不悉，戍邊一歲，沒入緡錢。有能告之，以其半畀之」。又禁止商人買田，犯沒入田及田僮。這種制度對於商人確是非常紛擾。因犯稅法而沒收的「財物以億計；奴婢以千萬數；田大縣數百頃，小縣百餘頃，宅亦如之」。國庫的用度充足，而商人多破產。

第四是設置均輸。政府以洛陽商人桑宏羊爲大農丞，管會計事。他逐漸設置均輸。均輸的方法是令各地應當輸送貨物於政府時，應輸送該地生產過多的貨物，以抬高該地的物價，再由政府在缺少此貨物的地方出賣，以減低該地的物價。貢物的地方既便，政府更有利可圖。

第五是平定物價。後來[十四]桑弘羊又兼領鹽鐵。他發見了均輸的弊害是各地的官爭買貨物，致令貨物騰貴；又從一地輸送貨物到別一地時，貨價還抵不住運費。他便以大農部丞數十人分往各地任均輸鹽鐵官，在各地照從前商人在該地物貴時的買價把貨物買來，由大農「盡籠天下之貨物，貴卽賣之，賤卽買之」，以平物價。所以叫做平準。這樣一來，富商大賈沒有方法再圖大利，而政府的大農蓄積了豐富的貨物與貨幣。國庫由此充足了。

第六是增殖官奴。前面已說過沒收違背稅法的富豪的奴婢，以千萬計。這大批奴隸，「分諸苑養狗馬禽獸」之外，更分給少府水衡司農去耕種官田；又使用於漕運，運漕穀差不多到四百萬石之多。如此則官奴可以生產。

第七是擴大官田。水衡少府大農太僕各置農官，把各郡縣沒收的田耕種起來，並開鑿河渠，灌溉官田，以增加糧食的生產。[十五]

以上各種政策，有些有利於商人，有些不利於商人。原來西漢政府本是封君政府，而建立於地主與商人的均衡之上的。爲地主計，必須培養農民納租的能力，因此必須抑制商業資本的累積。爲商人計，必須擴大農民與商業資本的矛盾，破壞地主所剝削的農民。當時的地主雖有商業資本的性徵，地主與商人之間究竟有不可調和的矛盾。我們知道，商業經濟雖集中爲政治的集權，而此時國家的基礎仍然是農業生產。國家的支持者以直接支配農業生產的地主階級更爲有力。所以每當地主與商人衝突的時機，政權常爲地主的利益而發動。權衡於兩個階級之間的專制政府所以有商人不許兼爲地主的法令，[十六]便是希求在抑制商人的時候，不致波及於地主。

(一)史記貨殖傳。

(二)史漢陸賈本傳。

(三)漢書卷九十五趙佗傳。

(四)漢書卷九十五西南夷傳。

(五)漢書卷六十一張騫傳。

(六)漢書卷六十一李廣利傳。

(七)看漢書鼂錯傳。

(八)元朔五年六年（公元前一二四年一二五年）的事。

(九)元狩二年（公元前一二一年）的事。

(十)元狩四年（公元前一一九年）。

(十一)史記平準書。

(十二)史記平準書。

(十三) 史記平準書。

(十四) 元封元年（即公元前一一〇年）。

(十五) 漢書食貨志下。

(十六) 漢書食貨志下，行鹽鐵專賣及發行鑄幣後，公卿建議再收商稅，這條法令中有一項：「賈人有市籍及家屬皆無得名田以便農，敢犯令沒入田貨」。又後漢書桓譚傳：「理國之道，舉本業而抑末利，是以先帝禁人二業」。又黃香傳引田令：「商者不農」。

六　社會矛盾的爆發

地主與商人的矛盾，遠不及商人地主階級集團與農民無產者之間的矛盾之可怖。

文景以後，商業資本的累積與土地兼併已迅速進展。農民困於租稅徭役的苛求及商人資本的括剝，已有破產離村的趨勢。當時主要的農業區是黃河流域的大平原，此大平原的雨量，常有季節的缺少之虞。所以農業生產，依賴於灌溉，而灌溉必由河水引入田園。在農田普遍開闢之時，河流苦於森林的減少而時常泛濫。所以引水灌田的時候，又必須建築隄防。這築隄修渠的集合勞動，固然要政府領導，仍須由當地農民提供勞動力與各種經費。如農民久久疲弊，則政府即無力修整水利。又如政府腐敗，則治河經費便全入官吏的私囊。自公元前一四〇年（即漢武帝建元元年）以後，這兩層都具備了：一方面農民疲弊，他方面官吏腐敗，更兼以對匈奴對西南的武功勞役，將政府財政實力全向於邊塞動員。於是中原水利系統有全將崩潰之勢。

所以自公元一四〇年以後至一二〇年，即武帝建元、元光、元狩初年之間，河決二次，而災荒則每隔十年一回。自元狩三年即公元前一二〇年以後，則水災旱災蝗災，河決，以及農民無產者的暴動，的確是每年都有。

自天漢二年即公元前九九年，對革命之恐怖，已侵襲朝廷。泰山琅琊徐勃之羣，阻山攻城，斷絕道路。征和元年即公元前九二年，恐怖發生於闕下，「大搜上林」。次年則宮廷之內，起陰謀之恐怖，而衞太子死●。

民衆蜂起的謠傳，以迷信的方式而表現。泰山大石自立，上林仆柳突起，諸如此類的傳說，搖

動人心，以爲劉氏將亡，「民間將有受命爲天子者」。(二)

(一)漢書武帝本紀的記載可以查看。

(二)漢書卷二十七之上下，載有這種謠言。

七　經今文學家對社會問題之無力

自衛綰免丞相職（武帝建元元年即公元前一四〇年）以後，封君執政告一段落。公孫宏登相位（元朔五年即公元前一二四年），把賈誼受絳灌排斥和鼂錯受申屠嘉抑制的悶氣吐出了。在從前，「諸博士具官待問，未有進者」。(一)在現在，「招尊方正賢良文學之士，或至卿大夫」。(二)這種轉變，是封君政治向地主商人政治轉變的第一步。「士人」本是新起地主富農出身的知識分子，因地主的抬頭，遂能夠與鹽鐵商人同登仕版。

依於士人的得勢，孔子思想一旦抬頭。但是這時候抬頭的孔子思想已經不是孔子本來的思想。這時的儒家思想是自由地主企圖依附殘餘封君首領建立集權政治而取得政權的學說。

這時的儒家盛倡「大一統」㊂及「受命改制」㊃的理論。他們依據「大一統」的理論，主張思想的統一。㊄他們依據「大一統」的理論，主張神權的絕對主義君主制。㊅他們襲取鄒衍之流齊學方士派的終始五德說，主張改正朔易服色。董仲舒的黑白赤三統及五帝九皇的學說，是最荒謬最精密的。因此這時的儒生帶有宗教的氣息與方士的氣味。典型的儒者著作如春秋繁露，以陰陽五行題其篇目者不下十五篇。

這一般經今文學派，在社會矛盾最爲尖銳的時期，有什麽奇妙的政策呢？他們的宗教式的改制論，竟沒有力量涉及於社會問題。他們的經濟思想仍然是近似於賈誼鼂錯的重農思想。他們是畏縮於商人資本及農民蜂起之間的小地富農的態度。他們想因襲現狀以取高位，對於社會問題毫沒有解決的勇氣。試看董仲舒的建議：

古井田法雖難卒行，宜少近古。限民名田以贍不足，塞兼幷之路。鹽鐵皆歸於民。去奴婢，除專殺之威。薄賦斂，省徭役，以寬民力。然後可善治也。㊆

他不敢從根本上改革私有土地制度，只是限田。他反對商業資本所促成的兼倂，卻主張放任鹽鐵的貿易今文學派在政治進取上雖有宗教的熱情，在社會改革上卻萬分的無力。難怪公孫宏以經學取相位，而唯唯諾諾，追從當時的功利主義，有如司馬遷之所指斥：

公孫宏以漢相布被食不重味，爲天下先。然無益於俗，稍鶩於功利矣。㊇

㊀漢書儒林傳。

㊁史記平準書。

㊂春秋公羊傳隱元年春王正月條。

㊃同上一條何休注。

㊄漢書董仲舒傳，董仲舒主張「諸不在六藝之科孔子之術者，皆絕其道，不使並進。邪僻之說息，然後統紀可一，而法度可明，民知所從矣。」

㊅看董仲舒所謂天人三策。

㊆漢書食貨志上。

㊇史記平準書。

八　農業技術的改良及常平倉

儒家對於社會問題是一籌莫展。社會問題的切迫，又不容緩圖。在革命與陰謀恐怖之前，手握集權政治的武帝，乃斷然從增進農業生產力求最後的出路。征和四年（公元前八六年）他封丞相爲富民侯，以表示政策的方向，並下詔聲明：「方今之務，在於力農」。他以趙過爲搜粟都尉，使改良農業技術。趙過的技術是如下的：㊀

（一）改良耕具。以二耜爲耦，以耕田。耦的製造，有特殊的工巧，由太農置工巧的奴隸製造出來，頒發各郡，分給各鄉的三老，力田及父老，使之受耕具，且學用法。

（二）增進犂的使用。在沒有牛的農家，由官吏教給他用人挽犂的方法，使農夫彼此相互雇用以挽犂。人多每天可犂三十畝，少則十三畝。

（三）推行三圃休耕法，叫做代田。劃一畝爲寬一尺深一尺的三甽，每年更換使用。

（四）改良耕耘方法。「苗生葉以上，稍耨隴草。因隤其土以附苗根。比盛暑，隴盡而根深，耐風與旱。」

這種技術，在宮廷外垣以內的土地上試行，其結果比其旁的田每畝多收一斛以上。因此推行於邊城，河東、弘農、三輔（陝西及山西）一帶農民「用力少而得穀多。至昭帝時（前八六年至七四年），流民稍還田野益闢，頗有蓄積」。一場革命的恐怖就此緩和下去了。

宣帝時代，常平倉制度施行，很是便利。

在戰國時代，李悝倡常平倉制。他的理論是如下的：

今一夫挾五口，治田百畝。百畝歲收，畝一石半，爲粟一百五十石。……善平糴者，必謹觀歲有上中下熟。上熟共收自四，餘四百石；中熟自三，餘三百石；下熟自倍，餘百石。小饑則收百石；中饑七十石；大饑三十石。故大熟則上糴三而舍一；中熟則糴二；下熟則糴一；使民適足，價平而止。小饑則發小熟之所斂；中饑則發中熟之所斂。大饑則發大熟之所斂而糶之。故雖遇饑饉水旱，糴不貴而民不散。取其餘而補不足也。㊀

這方法與均輸用意不同。均輸雖然是以平物價爲目的，而消極以奪商人的利潤之意義較多。常平倉卻注重於農民與消費者的關係，在兩者看來，「穀賤傷農，穀貴傷民」。㊂要權衡於兩者之間，只有用上述的方法。

五鳳（前五七至五四年）中，耿壽昌爲大司農中丞，設常平倉於邊郡。其方法：「以穀賤時增其價而糴以利農，穀貴時減價而糶」。㊃史書說道「民便之」。㊃這時候，「穀至石五錢」。

但是李悝的理論在商業資本獨特發達的官僚政治的漢代，實行起來自有許多的弊害。這時候耕地與農戶的比例不平均，有富農與貧農及大小地主的分別。貧農雖在大熟之年也沒有多餘的穀可糶，他所以必須糶穀，是由於賦稅苛捐及高利利息並購買商品所逼迫。富農有多餘的穀，但他必須等待高價以取厚利。最要緊的是穀的屯積大抵是在大地主及商人手裏。假如大熟之年，他們用賤價把穀屯起來，決不讓常平倉去輕易糴來儲積。常平倉爭着去糴，則糧食必急劇昂騰，因而「傷民」。假如大饑之年，常平倉的穀雖可以低價糶出，但屯積最大部分的大地主及商人決不放糶，必袖手坐待倉穀既盡，乘機擡價糶給農民，穀價不因而跌落，於是「傷農」。常平倉只得與大地主商人爭。腐敗的倉吏更從中漁利。則此制徒然對地主與商人添加一個爭利的店鋪。地主代表之儒家，當然反對到底。元帝卽位之次年（前四七年），常平倉與鹽鐵專賣都因儒家的爭執而廢止。儒家的理論是說：「勿與民爭利」。所謂「民」，顯然是指商人大地主及富農這時候「穀石三百餘」。

!

㊀漢書食貨志上。

㊁漢書食貨志上。

㊂李悝之語。

㊃漢書食貨志上。

九　土地集中與商業發達之加速

農耕技術愈爲改良，農業生產愈爲豐富，在豪商地主統治的秩序之下，其效果是什麼呢？不待說，是農產物交換愈爲頻繁，而商業資本因此愈爲累積，私有耕地愈爲集中。成哀之際（前三〇年至耶穌紀元），沒有戰役，號爲安樂，而奢侈更甚。與奢侈相對立的是普遍的貧困。師丹於哀

帝建平元年（前六年）說道

孝文皇帝承亡周亂秦之後，天下空虛；故務勸農桑，帥以節儉，民始充實，未有兼并之害，故不爲名田及奴婢爲限。今累世承平，豪富吏民訾數鉅萬，而貧弱愈困。蓋君子爲政，貴因循而重改作。然所以改者，將以救急也，亦未可詳，宜略爲限。㊀

這個救急的政策，仍然是董仲舒的意見。當時丞相及大司空根據這個原則所定的具體提案是：諸侯王列侯皆得名田國中，列侯在長安公主名田縣道，及關內侯吏民名田，皆毋過三十頃。諸侯王奴婢二百人，列侯公主百人，關內侯吏民三十人。期盡三年，犯者沒入之。㊁

這具體議案一旦成立，於是「田宅奴婢，價爲減賤」。諸侯王列侯公主及豪商大地主當然反對，此議遂擱置不行。

商人地主與農民的對立，日益尖銳，宮廷的浪費，更加重財政的掠奪。在元帝時（前四八年至三三年），都內錢四十萬萬，水衡錢二十五萬萬，少府錢十八萬萬。成帝時（前三二年至七年）賞賜加多，但寵臣淳于長、張放、史育等家資不過千萬。哀帝則賞賜極多，董賢受田二千餘頃；董家

奴婢倉頭且每人十萬錢。國庫空虛，賦斂加重了。㊁

成帝年間以後，饑民與貧農的叛亂，到處蜂起。其可知者如：

成帝鴻嘉三年（前一八年），廣漢鉗子謀攻牢篡死罪囚鄭躬等，盜庫兵，刼略吏民，衣繡衣，自號曰山君。黨與漸衆。明年乃伏誅，自歸者三千餘人。後四年，尉氏樊並等謀反，殺陳留太守嚴普，自稱將軍，山陽亡徒蘇令等黨與數百人，盜取庫兵，經歷郡國四十餘，皆踰年乃伏誅。㊂

哀帝時，農民動搖，及游民無產者的會黨，潛伏於各地。建平四年（前三年）遂表現爲如下的現象：

民驚走，持藁或棷一枚，傳相付與，曰：「行詔籌」。道中相過逢，多至千數，或被髮徒跣，或夜折關，或踰牆入，或乘車騎奔馳，以置驛傳行，經歷郡國二十六，至京師。㊃

農民的革命集團，常以宗教迷信集團而表現。行王母籌，總不外農民迷信的騷動。社會矛盾再度爆發。農民革命，迫切到來。

(一)漢書食貨志上。

(二)漢書卷八十六王嘉傳。

(三)漢書卷二十七上五行志。

(四)漢書卷二十七下之上五行志。

第四章　社會改革與農民革命的爆發

一　革命前夜的社會思想與古文經

在農民革命的前夜，董仲舒及師丹一派的無勇氣的限田政策，已不能救商人地主階級的危亡。急進的社會改革已成必要。

改革的途徑是兩歧的。一條是農民顚覆商人地主政權的路。一條是商人地主自動改良以緩和革命的路。急進的地主知識分子當然採取第二條路。社會改革政策旣爲地主知識分子所採取，他們不得不替這個政策尋出哲學上的根據，使牠迅速獲得民衆的信仰。他們與農民不同，農民集團選擇原始的宗教迷信，他們卻必須選擇進步的哲學理論。

西漢的哲學在武帝以前是黃老術；在武帝以後，孔子學說（正確的說：經今文學）取得有力的地位。然而經今文學是堅固現政府的信仰的「大一統」及「爲漢制作」㊀的宗教。牠是爲現政府而創造牠對於社會問題本無力解決牠的信徒且進而反對鹽鐵專賣及常平倉制——反對一切反商業資本與私有土地的制度。

社會改革政策所基的新哲學，必須壓倒這「爲漢制作」的經今文學，於是有經古文學。經今文學家以爲經是孔子删著的。經古文學家以爲六經都是古代流傳下來的。經今文學家主孔子所著的春秋。經古文學家主周公所著的周官。經今文學託始於孔子。經古文學託始於比孔子更古的周公。

相傳河間獻王劉德所得的周官及樂語等書，經一百五十年始由劉歆的手裏出世。這部書出處本自可疑。最凑巧是這書恰包含井田制度，泉府制度及五均制度諸思想。這種思想怎樣與經今文學家最多不過主張限田的思想相牴觸，我們從劉歆怎樣與太常博士相爭鬬就可以推知。原來劉歆與他們的爭鬬是社會政策及政治制度的爭鬬，是兩個政權的爭鬬。所以在哀帝時，師丹痛斥劉歆「改亂舊章非毁先帝所立」㊀。到了王莽改制將要失敗的時候（王莽地皇二年），公孫祿又痛斥他「顚倒五經」㊁。在當時，顚倒五經有顚倒社會秩序的效力，所以今古文兩派的爭鬭決不是「紙上談兵」。

㈠緯書以爲孔子的制作是爲漢的。尙書考靈耀說孔子曰：「丘生倉際，觸期稽度爲赤制。」（隸釋史晨祠孔廟碑引）又春秋演孔圖說：「孔提命作應法爲赤制。」（藝文類聚九十引）又孝經援神契說孔子曰：「丘立制命帝卯行。」（隸釋上揭碑文引）

㈡漢書卷三十六劉歆傳。

㈢漢書王莽傳。

二　新朝的社會政策㈠

於公元九年代漢的王莽，就是這急進的地主知識分子的社會政策實行者。他首先說明社會的矛盾，不能不加以改革。始建國元年（公元九年）的詔說道：

古者設廬井八家，一夫一婦田百畝，什一而稅，則國給民富而頌聲作。此唐虞之道，三代所遵行也。秦爲無道，厚賦稅以自奉，罷民力以極欲，壞聖制，廢井田，是以兼并起，貪鄙生，強者規田以千數，弱者曾無立錐之居。又置奴婢之市，與牛馬同欄；制於民臣，顓斷其命；姦虐之人，因緣爲利，至略賣人妻子，逆天心，誖人倫，繆於「天地之性人爲貴」之義。……漢氏減輕田租，三十而稅一，常有更賦，罷癃咸出，而豪民侵陵，分田劫假，厥名三十稅一，實什稅五也。父子夫婦終年耕耘，所得不足以自存。故富者犬馬餘菽粟，驕而爲邪；貧者不厭糟糠，窮而爲姦；俱陷於辜，刑用不錯。㈡

他這一說明，雖與鼂錯及董仲舒師丹的說明差不多，但他卻依據古文經周官及樂元語等書，斷行耕地的均產主義，及商業資本的國家統制。現在把他的改革分項列述於下：

（一）均田制度　即所謂「井田聖制」。㈢始建國元年的詔說：

今更名天下之田曰「王田」……不得買賣。其男口不盈八而田過一井者，分餘田予九族鄰里鄉黨。故無田今當受田者如制度。敢有非井田聖制無法惑衆者，投諸四裔以禦魑魅，如皇始祖考虞帝故事。㈣

（二）奴隸國有　地主士人的改革政策，不主張廢止奴隸制度，㈤這是當然的。王莽的改革。止是禁止商人資本奴隸，即自由人買賣而成的奴隸；至於因犯罪而沒收的官奴隸卻不在禁止之列。他的詔說道：

今更名天下……奴婢曰「私屬」，不得賣買。

書曰「予則奴戮汝」。唯不用命者然後被此罪矣。⑥

（三）六筦五均　「莽有所興造，必欲依古得經文。國師公劉歆言周有泉府之官，收不讎，與欲得，（言賣不售者官收取之；無而欲得者官出與之）。即易所謂『理財正辭，禁民爲非』者也。莽乃下詔曰：

夫周禮有「賒貸」⑦，樂語有「五均」⑧，傳記各有「斡」焉。今開賒貸，張五均，設諸斡者，所以齊衆庶，抑兼幷也」。⑨

賒貸五均及斡的辦法是如下的：⑨

（1）國有富源之管理　「工商能采金銀銅連錫登龜取貝者，皆自占（呈報）司市泉府，順時氣而取之」。

（2）工商什一稅　「諸取衆物鳥獸魚鼈百蟲與山林水澤，及畜牧者，嬪婦桑蠶織紝紡績補縫，工匠醫巫卜祝及它方技商販賈人坐肆列里區謁舍，皆各自占於所在之縣官；除其本，計其利，十一分之，而以其一爲貢。敢不自占，自占有不實者，盡沒入所采取，而作縣官一歲」。

（3）不生產稅　「凡田不耕爲「不殖」，出三夫之稅。城郭中宅不樹藝者爲「不毛」，出三夫之布。民浮游無事，出夫布一匹」。

（4）強制勞動　「其不能出布者，冗作（子）縣官，衣食之」。

（5）酒專賣制　「令官作酒，以二千五百石爲一均，率開一盧（鑪）以賣，售五十釀爲準。一釀用粗米二斛，麴一斛，得成酒六斛六斗。各以其市月朔米麴三斛，並計其賈而參分之：以其一爲酒一斛之平。除米麴本賈，計其利而什分之，以其七入官，其三及醩䜴灰炭，給工器薪樵之費」。

（6）規定物價　「諸司市常以四時中月，實定所掌，爲物上中下之賈，各自用爲其市平，毋拘他所」。

（7）平價制度　一則收買過剩的生產物，其法：「衆民賣買五穀布帛絲緜之物，周於民用，而不讎（售）者，均官有以考檢厥實，用其本賈取之，毋會折錢」。二則以平價出賣市場缺乏的生產物，其法「萬物昂貴過平（即第六項的市平）一錢，則以平賈賣與民。其賈賤低（于）平者，聽民自相與市，以防貴庚者」。

（8）賒　「民欲祭祀喪紀而無用者，錢府以所入工商之貢但賒之（但，空也，德也，言不取息利也）」。

（9）貸本　「民或乏絕，欲貸以治產業者，均授之，除其費，計所得受息，毋過歲什一」。

這五均賒貸的立法理由書，值得我們的記錄。天鳳四年，王莽詔曰：

夫鹽，食肴之將；酒，百藥之長，嘉會之好；鐵，田農之本；名山大澤，饒衍之藏；五均賒貸，百姓所取平，仰給以贍；錢布銅冶，通行有無，備民用也。此六者，非編戶齊民所能家作，必仰於市，雖貴數倍，不得不買。豪民富賈，即要貧弱。先聖知其然也，故筦之。⑩

由這一理由書，我們可以看出六筦的政策是以商業資本特別發達而農村自足經濟已經破壞爲前提，而用意在以國家經營代替商人資本組織。

（四）整理幣制　錢幣是商人大地主用以操縱物價而剝削農民的工具。要使錢幣不成爲「姦詐」的東西，必須「輕重大小各有差品」。王莽因此整理幣制，把五銖錢廢掉，規定了（1）錢貨六品，（2）金貨一品，（3）銀貨一品，（4）龜貨四品，（5）貝貨四品，（6）布貨十品。

㊀本叢書別有新莽之社會政策一册，詳細說明此項。

㊁漢書卷九十九中王莽傳中。

㊂周禮大司徒：「凡造都鄙，制其地域而封溝之，以其室數畝之不易之地家百晦，一易之地家二百晦，再易之地家三百晦」。小司徒：「乃經土地而井牧其田野九夫爲井……」。

㊃同註一。

㊄周禮秋官司厲：「其奴，男子入于罪隸，女子入于舂槀」。

㊅此句在前句之前，可以反證官奴婢之不廢。

㈦周禮泉府之職：「凡賒者祭祀無過旬日，喪祀無過三月。凡人之貸者，與其有司辨而授之以國服爲之息」。

㈧樂語即樂元語：「天子取諸侯之土，以立五均，則市無二賈，四民常均，強者不得困弱，富者不得要貧，則公家有餘，恩及小民矣」。白虎通引之。

㈨漢書食貨志下。

㈩漢書王莽傳。

三 階級統治的維持及崩潰

以上所說的改革，有些是很急進的。王田與六筦，確有廢止地主商人剝削制度的傾向。但是地主階級的社會改革，斷不會把階級統治一朝顛覆。所以改制的哲學理論如周官，乃是一部龐大官僚組織的行政法規。一切都是由官僚執行，雖可以說是「爲民衆」(for the people)，卻不是「被民衆」(by the people)。依沈彤㈠的計算，周官所載有爵的官僚(實即耕地的領主)，已有上公三千八百二十八人，侯二千五百二十二人，伯二千有九十二人，子四百有八人，男二百二十三人，而此外無可考的還很多。他們所食的祿，出於公田。公田之數占全耕地九分之一。即以王畿千里而論，公田要占三十二萬「夫」；畿外上公方五百里之地，公田占八萬「夫」；等此以降至於男方百里的領地，還有公田三千二百「夫」。㈡

所以王莽於中央政府則只改一改官名，如改大司農爲義和及納言，大理爲作士，太常爲秩宗之類，而大封其爵。於地方則置世襲的連率大尹，屬令，屬長等，而各定其爵。他想就原有的官僚組織，變爲封建組織。殊不料公田的世祿還沒有定好的時候，這些官僚都「受取賕賂以自給」，且「各因官職爲姦」。㈢

還有，這些官僚都是地主出身，離開生產太遠，不會計算。所以五均六筦，任用富商。「洛陽薛子仲張長叔臨菑姓偉等，乘傳求利。交錯天下，因與郡縣通奸，多張空簿，府藏不實，百姓俞病」。㈣

其結果是：

富者不得自保，貧者不得自存。㈣

於是農民蜂起，而商人地主也反抗起來。商業資本累積與私有土地兼併與農民無產者之間的矛盾，終竟爆發，不因王莽的社會政策停止，且因之而促進了。王莽的失敗是新市平林兵起（公元二二年）以後次年的事情。再次年（公元二四年），地主的武力（劉秀等）從農民蜂起之中，鎮壓農民，於公元二五年再建商人地主的刷新的政治。㊄

㊀皇清經解卷四十二，沈彤周官祿田考官爵數條。

㊁沈彤前揭書公田數條。

㊂莽傳。

㊃漢書食貨志下。

㊄以下看本叢書東漢之政治一册。

一九三〇年九月二十一日至二十五日

於愛子大來突然夭去（十八日）之悲慼中